人を動かす、気配りの英語表現

NAVIGATING DIFFICULT SITUATIONS

相手も自分も大事にしたい人
のためのフレーズ集

マヤ・バーダマン
MAYA VARDAMAN

 the japan times 出版

Introduction はじめに

　ビジネスと言えば「意見を言う」「電話に出る」「依頼をする」と
いった場面が思い浮かぶかもしれませんが、実際には「注意する」
「フィードバックを伝える」「失礼な発言に対応する」など、日々さ
まざまな複雑でセンシティブなシチュエーションにも直面します。

　その際、「伝え方」によってその後の話の展開や人間関係、ビジ
ネスの進み方や結果が変わってくるため、アプローチや言葉の選択
が重要です。たとえば、反対意見を言うときに assertive に伝える
のと aggressive に伝えるのとでは印象が違いますし、周りの反応
も変わります。そのつもりはなくても、aggressive で突っかかっ
ているようなトーンに聞こえてしまうこともあります。「英語力
（語学力）」だけでは十分ではありません。言葉のニュアンスの理解
や適切な声のトーン、状況把握の能力、相手のことを理解する力、
信頼関係、問題解決のスキル、ビジネスを円滑に進めるためのコミ
ュニケーション能力なども必要です。

　「難しい場面」で発言するのは緊張や勇気を伴います。気まずく
て心地が悪い、複雑な状況を改善する自信がない、どのような表現
方法が適しているのか分からない、という気持ちはよく分かりま
す。「声を上げても逆に関係や状況を悪くしてしまったり、批判や
厳しい言葉を受けたりするかもしれない…」と考え、発言を諦めて
しまうこともあるでしょう。しかし、何もせずにいるとネガティブ
な結果につながることもあります。問題が解決しない、状況が悪化
する、「なぜ一歩踏み出さなかったのか」と後悔する、仕事の結果
に影響が出る、信頼関係が崩れる、自信をなくす、相手の行動の変
化や成長の機会を奪う、状況が改善しない、などが挙げられます。

本書では業界や業種関係なく日々直面し得る場面を取り上げました。状況や背景の詳細な部分は異なっていても、アプローチや気をつけるべき点には共通する部分があります。さまざまな難しい場面、そしてビジネス以外の場面や人間関係でも応用できるアドバイスを提案しています。

　本書で度々登場する言葉に「丁寧」「気配り」「明確に」そして diplomatic があります。この場合の diplomatic の意味は「外交上の・外交手腕のある・駆け引きの上手い」ではなく、「人を責めたり攻撃したりしないように言動や行動に気を配れること」「関係性や相手を傷つけず、相手が受け取りやすいようにメッセージを伝える・説得すること」、「難しい状況でも（相手に不快感などを感じさせずに）接することができること」を表します。これは職場以外にリーダーや親から友人まで、さまざまな関係性において大切なスキルです。それぞれの場面で紹介しているアプローチや表現をヒントにしていただくとともに、この diplomatic な姿勢も意識してみてください。

　「難しい場面」での行動や対応の場数を重ねると、経験と学びが自分のなかに蓄積され、その後もさまざまな場面で応用できるようになります。自信がつき、周りとの信頼関係も深まるでしょう。本書で紹介するアプローチや表現、ダイアローグを通して皆さまが難しい状況を乗り越えて解決し、よい人間関係を築くための道筋を見つける一助となれば幸いです。この本が難しい場面を切り抜けて、解決やよい方向に導いて navigate してくれる心強い味方になりますよう心から願っております。

2021年8月　マヤ・バーダマン

Contents 目次

Chapter 3 フィードバック 203

Chapter 4 人間関係 259

本書の構成

本書は、「会話を早めに切り上げる」「催促する」「チームメンバーにフィードバックする」など、仕事で誰もが直面するセンシティブな26の場面を掲載しています。上手く切り抜けて目的を達成するためのアプローチとともに、実践的なフレーズを紹介しています。

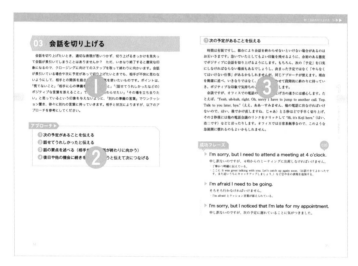

❶前説

場面の概要を説明しています。上手く対応できたときのメリットや対処できなかった場合のデメリット、そして、切り抜けるためのアドバイスなどを説明しています。

❷アプローチ

各場面を切り抜けるためのアプローチを列挙しています。アプローチの番号は、実践するときの順序を必ずしも意味するわけではなく、成功するためにすべてのアプローチが必ず必要ということでもありません。自分の状況に適したアプローチを選んで実践してください。

❸アプローチの解説

各アプローチについて詳しく説明しています。そのアプローチが効果的である理由を、具体例を示したり、著者が過去にもらったアドバイスや体験談にも触れたりしながら、分かりやすく解説しています。

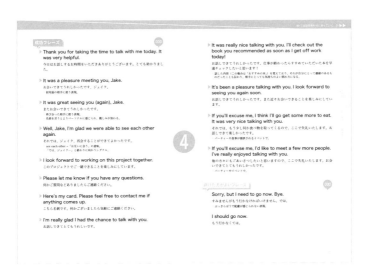

❹ フレーズ

アプローチ毎に「成功フレーズ」と「避けた方がよいフレーズ」を紹介しています。音声ファイル（MP3形式）がダウンロードできるので活用してください。なお、()は入れ替え可能な表現であることを、[]は任意で付け足すことができることを意味します。

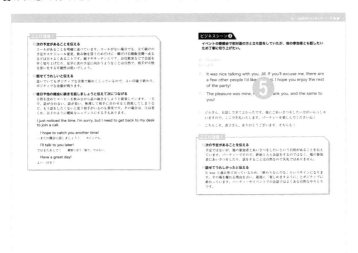

❺ ビジネスシーン

各場面の最後に会話例（ダイアローグ）を1〜3つ設けています。どれもビジネスのリアルな現場をシーンとして設定しています。コラム「ココに注目！」では、会話例で使われているアプローチとフレーズを解説。音声ファイル（MP3形式）がダウンロードできるので活用してください。

ダウンロード用MP3音声のご利用案内

MP3形式の音声ファイルをダウンロードすることができます。

📱 スマートフォン

1 ジャパンタイムズ出版の音声アプリ
「OTO Navi」をインストール

2 アプリ内で本書を検索

3 音声をダウンロードし、再生
3秒早送り・早戻し、繰り返し再生などの便利機能つき。
学習にお役立てください。

💻 パソコン

1 ブラウザからジャパンタイムズ出版のサイト
「BOOK CLUB」にアクセス

https://bookclub.japantimes.co.jp/book/b587882.html

2 音声をダウンロードし、iTunes などに取り込んで再生
※音声は zipファイルを展開(解凍)してご利用ください。

ビジネスで
日々直面するシーン

Chapter 1

01 効果的に自己アピールする

　自分の貢献したことや成功したこと、達成したことを自分から述べるのは自慢しているようで気が引ける人が多いのではないでしょうか。謙虚さや自信のなさが背景にあるのかもしれません。確かに、「自分はこんなに達成した！」「私の功績です！」などと自分の成果を前面に出して主張すると、プライドが高く傲慢な印象になり、チームや周りの人からの印象はよくありません。しかし、上手に発信すればポジティブな結果が得られるでしょう。自身の contributions（貢献）や successes（成功・達成したこと）、さらにはスキルについて周りの人に知ってもらうことができます。また、表現の仕方次第では、自信のある姿に映る（そして自信がつく）、チームの結束が強まる、出世につながる、good reputation（高評価）を得られるといったメリットもあります。逆に何も発信しないと、周りの人があなたの貢献や仕事ぶりを知る機会が失われてしまいます。

アプローチ▶

1 I より we の表現方法でチームワークを強調する
2 チームや他のメンバーの貢献を最初にたたえて自分の関わりや貢献を述べる
3 具体的な数字や結果を用いて自分の貢献度や成果を伝える
4 謙遜しすぎずポジティブに表現する

① I より we の表現方法でチームワークを強調する

"Use 'we' instead of 'I.'" あるリーダーの強く印象に残っている言葉です。「完全に1人で何かを達成するのは難しく、チームや他の人のサポートや協力が大きな力になる。なので、成果について話すときは I（私）ではなく、we（私たち）を意識しよう。」というメッセージでした。このように言われれば、同じゴールに向かっているチームのメンバーも喜びます。そしてそのように相手に give credit して他の人の貢献や功績を認めてたたえる姿を見て周りの人は「この人と一緒に仕事をしたい」と思うでしょう。さらに、このように発信していると、同僚やチームも同じようにあなたが貢献したことについて発信したいと思ってくれるでしょう。

成功フレーズ　　　　　　　　　　　　　　001

▶ **As a team, we were able to reach our target number of applications from top-tier universities.**

チームの努力により、一流の大学からの応募数を目標に達成させることができました。
＊「チームとして」と強調して述べている。

▶ **I'm so proud of the team for the amazing job we did at the event yesterday.**

昨日のイベントでのチームの素晴らしい仕事ぶりを誇りに思います。
＊チームのことをたたえている。

▶ **We accomplished a lot over the past year. For example, ...**

チームはこの一年で多くのことを達成しました。たとえば…
＊ We accomplished ... と始めることで、「個人ではなくチームとして達成した」というニュアンスが出ている。

▶ **I'm grateful to have had the chance to work with such talented people during this event.**

こんなに素晴らしい方々とイベントでご一緒できてうれしく思います。
＊他のメンバーのことをたたえ、感謝の気持ちを述べている。

▶ **I couldn't have done this without all the support from my team.**

チームの皆の支えがなければ成し遂げることはできませんでした。
＊自分の力だけで達成したわけではないことを表現している。

▷ **I got a lot of praise for the project from the management team.**

このプロジェクトについて、経営陣からたくさんの称賛の声をいただきました。
＊自分が称賛されたことを伝えていることが自慢のように聞こえる。また、チームの功績であるにもかかわらず、チームに give credit して貢献を認めてたたえることもなく、自分のみが関わったかのように聞こえる。

▷ **I did an excellent job with that report.**

あのレポートで自分は最高の仕事をしました。
＊自画自賛で、まるで冗談で言っているように聞こえる。

❷ **チームや他のメンバーの貢献を最初にたたえて自分の関わりや貢献を述べる**

　はじめに他の人の貢献したことに軽く触れたり、称賛の言葉を先に持ってくると、自分の役割や貢献について語るとき、ひけらかしには聞こえず、受け入れられやすくなります。"give credit where it's due"と言うように、人の功績や達成したことを認める姿勢です。チームワークを重視していることが伝わり、「一緒に働いていてよかった」、「今後も一緒に働きたい」と相手もポジティブな気持ちになるでしょう。メンバーだけではなくチーム全体の貢献もアピールすると、チーム全体のレビュテーション（評価）も上がります。上手くチームの強みを発信していける力はリーダーに必要な素養でもあります。

▷ Naoko put a lot of time and effort into gathering the data. Thanks to her, we were able to produce a detailed, accurate report.

ナオコはデータ収集に膨大な時間と努力を注ぎ込んでくれました。彼女のおかげで詳細で正確なレポートを作成することができました。

▷ We successfully completed the final phase of the project on schedule. Joanne's project-management skills were pivotal in keeping everyone on track. Mike, Tatsu, and Cecilia worked long days and late nights, especially when there were unexpected challenges. I really owe a lot to them.

私たちは予定通りにプロジェクトの最終段階を終えることができました。ジョアンのプロジェクトマネジメントスキルのおかげで全員が予定通りに作業を進めることができました。マイク、タツとセシリアは予期せぬ事態が起きたときは特に夜遅くまで残って長時間仕事をしていました。チームには本当に感謝しています。

※チームや他の人の貢献を強調しながら自分の役割も述べている。

▷ Ryo played a key role in analyzing all the complicated data. He made it much easier for me to write up the executive summary for the report.

リョウは複雑なデータの分析をするのに重要な役割を担ってくれました。彼の努力のおかげでエグゼクティブサマリーを書くのが一段と楽になりました。

I completed the project on time.

私は予定通りにプロジェクトを完了させました。
※自分のことしか述べていない。

The project that I led was a huge success.

私がリードしたプロジェクトは大いに成功した。

❸ 具体的な数字や結果を用いて自分の貢献度や成果を伝える

「しっかり」や「たくさん」など、抽象的で曖昧な言葉には説得力がありません。また、大げさな表現を使うと信頼に欠けますし、「楽勝だった」のように自分の能力を過信するような表現は自慢のように聞こえてしまいます。excellentや wonderful などの形容詞は主観的で大げさに聞こえるので避けましょう。素晴らしさやすごさなどは相手が聞いて判断することです。

具体的なデータや詳細を提示することで、自分がやったことを直接述べなくても、ファクトに基づいて相手に自分の貢献について伝えることができます。謙虚さから自分の貢献を発信することに気が乗らない人でも、「自分」ではなく「達成したこと」にフォーカスすることで発信しやすくなります。

成功フレーズ   005

▶ **Our article received 1,500 views overnight, which is up 30 percent from the earlier most-viewed article.**

私たちの記事は一晩で1,500のアクセス数を獲得しました。最高アクセス数を得た前回の記事から30％アップしています。

＊具体的な数字を述べている。our と表現することによってチーム全体の成果というニュアンスになっている。

▶ **Sales numbers have tripled since we installed the marketing campaign that I proposed last year.**

私が昨年提案したマーケティングキャンペーン導入後、売り上げは3倍増加しました。

＊自身が提案したキャンペーンだと述べると同時に、結果を具体的に伝えている。

避けた方がよいフレーズ   006

▷ **The article that I posted online was read by a lot of people.**

私が投稿したオンライン記事は多くの人に読まれました。

＊自分のアクションしか述べていないうえ、a lot of people は曖昧で伝わりづらい。

④ 謙遜しすぎずポジティブに表現する

Humility（謙虚さ）は大切ですが、極端に謙遜しすぎると自信の無い印象を与えてしまいます。また、褒め言葉をもらったときに「いえいえ、全然です」などと反応すると、相手は自分の判断を否定されたと感じたり、「いえいえ、本当にそうです」とさらに説得しなければいけない気持ちにもなります。

達成したことや貢献について自分から発信するときは、「全然大したことはないのですが…」のように謙遜するのではなく、素直でポジティブに表現する方が相手も気持ちよく受け取りやすくなりますし、「おめでとう！」と言いやすくなるでしょう。また、達成したことや功績についてだけ述べるのではなく、「うれしかった」「感謝している」とひと言添えると、自慢に聞こえにくくなります。聞いた相手も、自分たちが成功してうれしかったときのことを思い出し、一緒に祝福したい気持ちになるでしょう。

成功フレーズ　007

▶ I'm really grateful to have had this opportunity.

このような機会をいただけて本当に感謝しています。

▶ I'm excited to announce that ...

喜びとともに発表いたします…／うれしい発表があります…。

避けた方がよいフレーズ　008

▷ It was really easy. I didn't have to try very hard.

とても簡単でした。あまり努力しなくてもできました。
※謙遜ではなく嫌味で傲慢に聞こえる。

▷ I didn't do much. Really.

そんな大したことはやっていません、本当に。
※謙遜しすぎで、成果を喜ぶのではなく、軽く見ているようにも聞こえる。

ビジネスシーン ❶

プロジェクトが終わり、マネージャーを含むチームのミーティングで自分の役割や貢献を誇張にならない程度に述べる。

A : John（マネージャー）
B : Taka

A : Congratulations to your team for successfully completing the year-end project!

B : Thank you very much, John. It really was a team effort. Masa did a phenomenal job consolidating all the data and doing the analysis. Yuki played a key role in communicating with all the stakeholders and gathering the data on time. Thanks to all the time and effort they put into this, I was able to produce the summaries and submit the completed report to the New York team.

A : What a great example of teamwork. Kudos to you, Masa, and Yuki for all your hard work!

A :（チームに向けて）おめでとう！　年末のプロジェクトを首尾よく終えましたね。

B : ジョン、ありがとうございます。本当に素晴らしいチームワークでした。マサのデータ統合と分析は本当に素晴らしかったです。また、ユキのステークホルダーとの綿密なコミュニケーションのおかげですべてのデータを時間通りに集めることができました。2人がかけた膨大な時間と多大な努力のおかげで、サマリーを作成し、完成したレポートをニューヨークチームに提出することができました。

A : チームワークの最高のお手本ですね。タカ、マサ、ユキの多大な努力に感謝しています。お疲れさま！

ここに注目！

❶ I より we の表現方法でチームワークを強調する

タカは we の表現こそ使ってはいませんが、チームワークを重んじる姿勢を示していることが明らかな反応をしています。

❷ チームや他のメンバーの貢献を最初にたたえて自分の関わりや貢献を述べる

チームのメンバー（マサ、ユキ）それぞれの貢献したことを簡潔に述べ、それによってタカ自身の仕事がどれほど進めやすくなり、どのようにプロジェクトの成功につながったかを伝えています。

❸ 具体的な数字や結果を用いて自分の貢献度や成果を伝える

"They did a good job". で終わらせず、具体的にどのような貢献をし、結果（レポートの完成と提出）につながったかを伝えています。

❹ 謙遜しすぎずポジティブに表現する

ジョンが祝福の言葉を述べたことに対し、"it wasn't a big deal"（大したことじゃないですよ）などと謙遜せず、teamwork と team effort の成果だと、ポジティブな表現で反応しています。プロジェクトの完成を祝う気持ちだけでなく、チームワークを発揮し、メンバー同士の結束力や人間関係も強くなったことが伝わります。

1

ビジネスで日々直面するシーン

17

マネージャーとの weekly 1-on-1 meeting（1対1のミーティング）で最近
達成したことを話す。

A：Mary（マネージャー）
B：Kenji

A：Hi, Kenji. How have things been for you since we last met?

B：Hello, Mary. Things have gone really well this past week. The
highlight was the recruiting event for new graduates on
Friday. It was exciting to represent our department in the
panel discussion, and a lot of students came up afterwards
to ask questions. More than ten said they will apply to our
department. It was a rewarding experience, and I learned a
lot about the company, event management, and the
recruiting process. I really appreciated the opportunity to be
part of such an important event.

A：お疲れさまです、ケンジ。前回のミーティングから調子はどうですか？

B：お疲れさまです、メアリー。この1週間はとても上手くいっていました。中でも
ハイライトは先週金曜日の新卒採用のイベントでした。部署を代表してパネルデ
ィスカッションに参加できたのはすごくうれしかったですし、終了後は大勢の学
生さんたちが質問をするために駆け寄ってくれました。10名以上が部署に応募
すると言ってくれました。本当に光栄な経験でしたし、会社、イベントの運営、
そして採用プロセスについて多くを学びました。この重要なイベントに貢献でき
る機会をいただき本当に感謝しています。

ここに注目！

❸具体的な数字や結果を用いて自分の貢献度や成果を伝える
10名以上が「応募する」と言ってくれたことや、自身も多くを学べたことと
いった、具体的な結果と成果を述べています。

❹謙遜しすぎずポジティブに表現する
自身が関わったことについて簡潔かつポジティブに伝えています。マネージャ
ーも一緒に喜び、この経験と学びを祝福したくなるでしょう。

ビジネスシーン❸

同僚と仕上げたレポートについてマネージャーに報告する際、同僚が「すべて自分の手柄だ」というニュアンスで話し始める。不自然にならないように自分が貢献したことも述べたい。

A：Joe（マネージャー）
B：Katie（同僚）
C：Emi

A : I'd like to start off the meeting with updates from everyone. Let's start with you, Katie.

B : Sure. The budget report is done, and I sent it to the New York team last night. It was a challenge to get it done in such a short time-frame, but I managed it somehow!

C : Yes, it really was one of those "fire drill"* requests from New York. Katie did a wonderful job clarifying our responsibilities and keeping us on track. Hiro had all the data handy, thanks to his organizational skills. So, they made it really easy for me to do my part of adding up the numbers. I'm glad we were able to help. Also, the New York team got back to us with a thank-you email Cc'ing all the department heads!

*fire drill ＝「消防訓練」の意味。ビジネスでは「緊急の・急ぎの・短期間でやらなければいけない仕事」の意味で使う。

A：各自の近況報告からミーティングを始めたいと思います。ではケイティーから始めましょう。

B：はい。予算報告書が完成し、昨日の夜ニューヨークチームに提出しました。短期間で終わらせるのは大変でしたが、なんとかできました！

C：本当に、ニューヨークからたまに来る「ファイアードリル」案件でした。チーム全員の役割を明確にし、予定と役割通りに進むように管理してくれたケイティーの仕事ぶりは素晴らしかったです。ヒロの段取りのよさと取りまとめるスキルのおかげですぐに必要なデータを引き出すことができました。そのおかげで、私も楽に数字を合算することができました。ニューヨークチームの力になれてうれしかったですし、彼らは部門長全員をCcしてお礼をメールで送ってくれました！

❶ I より we の表現方法でチームワークを強調する

同僚の働きぶりに触れることでチームワークを強調する姿勢が伝わります。

❷ チームや他のメンバーの貢献を最初にたたえて自分の関わりや貢献を述べる

まずはケイティーのことを持ち上げ、メンバーそれぞれの果たした役割を簡潔にアピールしています。その後、焦点を変えて、チーム全体の成果だということが伝わるようにしています。

02 | 難しい依頼をする

仕事ではたくさんの依頼が飛び込んできますが、中でも緊急案件、期限が近い案件、相手に大きな負担がかかる依頼は特に配慮が必要です。依頼をするとき、相手から yes をもらいやすくする（相手が yes と言いやすくなる）聞き方も大切ですが、相手が no と言いやすくなる（no を言うことが負担にならない）聞き方をする気遣いも必要です。どうしても断らなければいけない場合に、相手の心理的負担が軽くなるように気を配ります。「至急」や「緊急」といった案件の緊急度はこちら側の都合なので、押しつけるのは失礼ですし、相手には相手の優先順位があります。内容とタイミングを明確に説明し、受けるか受けないかの判断をしやすくし、優先順位を付けやすくすることが相手に動いてもらうには必要です。依頼を伝えるだけでなく、結果につながるように責任を持って追うためのフォローアップも必要です。フォローアップについては場面08（p. 87）を参照してください。

アプローチ▶

1 丁寧な表現で依頼する

2 納期や緊急度を明確に示す

3 依頼内容の背景やアクションを取りやすくなるような情報を伝える

4 申し訳ない気持ちを伝える

　依頼をするとき、please を付ければ丁寧になると思われがちですが、〈please + 動詞〉は実際には一方的で命令調に聞こえます。リクエスト形式で表現をすると、相手の都合に配慮した丁寧な聞き方になります。"Could you please … ?"（…していただけますでしょうか？）のように、できるかどうかの可能性を聞くアプローチであれば、引き受けるかどうかを考えて返事をする余裕を与えることができます。ここで can ではなく過去形の could を使うことも丁寧な表現に調整しているポイントです。さらに、文頭にクッション言葉を添えると、表現を和らげることができ、申し訳ない気持ちや気遣いも伝えることができます。また、感謝の言葉を言いつつ、緊急性を伝えたり、相手のアクションの重要性を伝えるアプローチもあります。

成功フレーズ   012

基本の形

▶ Could you please … ?
　…していただけますでしょうか？

▶ Could you possibly … ?
　…していただくことは可能でしょうか？

▶ I would really appreciate it if you could …
　…していただけるととても助かります。

▶ We would be grateful if you could …
　…していただけましたら幸いです（ありがたいです）。

▶ I'm sorry to trouble you, but could you please … ?
　お手数をおかけして申し訳ないのですが、…していただけますか？
　＊ I'm sorry to trouble you, but … のようなクッション言葉を添える。

難しい依頼の場合

▶ **I'm sorry for the rush, but could you please [...] at your earliest convenience?**

急ぎで申し訳ないのですが、早めに…していただけますか？

＊ at your earliest convenience は「都合のつく限り早めに、都合がつき次第」の意味の丁寧表現。

▶ **Would that be feasible?**

それは現実的（可能）ですか？

＊相手にとって、引き受けることが現実的かどうかも聞いている。

▶ **Your prompt attention to this would be greatly appreciated.**

迅速にご対応いただけますと幸いです（とても助かります、ありがたいです）。

▶ **Your timely response would be greatly appreciated.**

タイムリーなお返事をいただけますと大変助かります。

＊最後の2つは、こちらの都合ではあるが、全体的に丁寧なニュアンス。

避けた方がよいフレーズ

013

軽めの依頼

▷ **I want your reply, please.**

返事が欲しいです。

＊ please が付いていても「上から目線」なニュアンスで一方的。

▷ **Please reply to my email.**

メールに返事をしてください。

▷ **I want you to reply to my email.**

メールに返信してほしい。

＊「…していただきたいです」を I want you to ... と表現するのは危険。命令調で、相手の都合を考えていないニュアンス。I want ... や I want to ... も直接的で幼稚、かつ自己中心的な響きがある。

1

ビジネスで日々直面するシーン

▷ ## Can you do me a big favor?

ちょっと手伝ってもらえる？

＊相手によってはよいが、具体性がないため「内容による」と思わせてしまう。手伝えない場合、断る際に相手に負担がかかる。

▷ ## Could you please reply to me ASAP?

早急に返事をいただけますか？

＊ASAP は as soon as possible の頭文字語で、よくビジネスで使うと思われがちだが、一方的で失礼。できるだけ控えたい。ただ、自分のアクションについて、文章で I will confirm and get back to you as soon as possible.（確認次第、はるべく早くお返事します。）のように使うのは問題ない。

❷ 納期や緊急度を明確に示す

　1日を通してたくさんの連絡や依頼が入ってきます。その内、アクションが必要な要件については、それらの緊急性と重要性の順序を把握しておくことが大切です。依頼の際に期日を示すと、相手が優先順位を付けるときの判断材料となります。場合によっては、「誰のためか」「何のためか」が判断材料となることがあります（③を参照）。自身にとっては「緊急」であっても、相手にとっても同じとは限りません。こちらの都合を相手に押しつけるのは配慮が足りませんので注意しましょう。

　また、言い方にも注意が必要です。"It's urgent".（緊急です）は言葉足らずで、なぜ急ぎなのかも分からない表現で、相手を困らせてしまいます。こちらの対応が遅れたために時間が足りなくなり、それを押しつけているのではないかと相手に思われてしまう可能性もあります。また、緊急の依頼だと頻繁に伝えることにはリスクがあります。実際には緊急度がそれほど高くない場合にも「緊急」だと言っていることに相手が気がつくと、「どうせまたいつもの urgent な依頼か」と思われ、本当に緊急のときに協力を得られなかったり、信用と信頼を失う恐れがあります。

014

▷ Could you please get back to us with your feedback by September 6?

9月6日までにフィードバックをお送りいただけますか？

＊具体的な日にちを提示している。

▷ Would it be possible for you to get back to us by the end of the week?

今週の終わりまでにお返事をいただくことは可能ですか？

＊具体的な日時を指定しているわけではないが、おおよその期限は伝わる。可能性を聞いている丁寧な表現。

▷ It would be helpful if you could check the stats and get back to us with any corrections by the end of the week.

数字をご確認いただき、修正があれば今週の終わりまでにお返事いただけると助かります。

＊アクションと期限の目安が伝わる。「返事がなければ修正点はない」と理解すればよいと想定できるが、修正の有無を問わず返事が欲しい場合は It would be helpful if you could check the stats and get back to us with your confirmation or any corrections by the end of the week.（数字をご確認いただき、修正点の有無にかかわらず、確認のお返事を今週の終わりまでにご連絡いただけると助かります。）と明記すると確実。

▷ Could you kindly get back to us before noon on Friday?

金曜日の正午までにお返事をいただけますか？

＊ by Friday, October 1 や before 2 p.m. on Friday, October 1 などと時間を明記することもできる。

Tip 明確な期限（日時）を示さず緊急度を示す表現

◇ at your earliest convenience

都合のよいなかで早めに、都合がつき次第

◇ as soon as possible

できるだけ早く

＊ ASAP（as soon as possible）という表現には「早急に」という意味があり、一方的で命令調。特に略語は避ける。

◆ **when possible**
可能なときに
＊少々曖昧。

◆ **at your convenience**
都合のよいときに

◆ **as soon as you can**
できるだけ早く
＊少々曖昧で、相手への配慮に欠ける場合も。

▷ **I have an urgent request. Could you please help?**

緊急な依頼があります。手伝っていただけますか？
＊依頼内容が曖昧なため、相手は「手伝えるかどうかは内容による」と思ってしまうかもしれない。また、都合を相手に押しつけている印象にもなる。

▷ **Could you do me a favor? It's really urgent.**

ちょっとお願いをしてもいいですか？　緊急な件です。

▷ **Can you reply ASAP?**

早急に返事をいただけますか？
＊「早急に返事してくれる？」のニュアンス。
＊表現が一方的でぶしつけ、かつ丁寧ではない略語のASAPを使ってこちらの都合を押しつけている。

❸ **依頼内容の背景やアクションを取りやすくなるような**
　 情報を伝える

　②に加えて、「誰」や「何」のための依頼なのかを伝えると、相手は優先順位を付けたりアクションを取りやすくなります。たとえば、「至急」の依頼が「NYオフィスのヘッドが、明日の朝までに数字が欲しいと言っている」や「直属のマネージャーが今夜のグローバルコールで発表するためデータが必要」という状況であれば、依頼は最優先になります。同じ依頼が「来週のチームミーティングで共有するため」であれば優先順位は下がるでしょう。また、緊急度が高くない場合でも、依頼の背景が伝わるような情報や業務を助けるような情報を伝え

ると効果的です。

● どのような仕事やプロセスの一部なのかを伝える

→ 相手は big picture（全体像）や完成イメージが見え、作業の進め方を検討したり、目指すクオリティーを検討する際の材料になる。

● 依頼を受けてもらえるとなぜ、どのように助かるかを伝える

→ 相手はその仕事がどう貢献するのかが分かる。

● どの程度の完成度が必要かを伝える

→ 「内容をそのまま役員会議のプレゼン資料に貼り付ける」のか「参考までに大体の数字を把握したい」のかでは、相手の心理的負担と完成度に対する意識や優先順位が変わる。

● 参照用の資料や情報を渡す

→ 相手の仕事の効率が上がり、作業の正確性や統一性にもつながり、二度手間が省ける。依頼するからには、できる限り相手が引き受けやすく、仕事を進めやすい環境にしたい。

成功フレーズ 016

▶ **We need to put together an SOP for the XYZ process to send to the global team. Could you please add the parts for your team and get back to us by Friday?**

XYZのプロセスのSOPをグローバルチームのために作成しなければいけません。そちらのチームに関連するパートに情報を追加して、金曜日までにお返事いただけますか？

＊ SOP = Standard Operating Procedure（標準作業手続き）。

▶ **We've been asked by the head of HR to send feedback about the new graduate training program, and we would appreciate some input from each of you.**

人事部長から新入社員研修についてのフィードバックを求められているのですが、皆さんそれぞれのご意見をいただけると助かります。

▶ **I'm sending you a few examples of earlier reports. I hope they help.**

以前のレポートをいくつか例としてお送りします。お役に立てれば幸いです。

▶ **I've attached last year's slides for your reference.**

ご参考までに、去年使用したスライドを添付いたしました。

> ＊メール添付のときに使う表現。前年のスライドを参考にすると相手が作業しやすい場合や、前年と同じフォーマットを使用しなければいけない場合などに。

▶ **Just a rough number would be helpful.**

大体の数字だけでも助かります。

> ＊大体の目安になる数字でよいのであれば、確認作業に費やす時間と労力もセーブできる。ballpark figure という表現もビジネスではよく使う。「おおよその金額・数字、概算」を意味するカジュアルな表現。

▶ **We'd appreciate your review of the final draft before we submit it to the management team.**

マネジメントチームに最終ドラフトを提出する前にチェックしていただけると助かります。

④ 申し訳ない気持ちを伝える

　特に期限の短い依頼や少し無理がある依頼をするときは、申し訳ない気持ちを表す表現やクッション言葉を添えて気遣いを示します。相手の負担を認識していることが伝わります。仕事とはいえ、このひと言があるのと無いのとでは印象が違います。「この人のためなら少し無理のあることでも力になろう」と思ってもらえるのは、普段こちらからも依頼に応えたり、タイムリーに返事をしたり、信頼を得るなどの積み重ねがあってのことですが、依頼の仕方もそのひとつと言えるでしょう。

成功フレーズ

017

▶ **I'm sorry for the short notice, but ...**

直前のご連絡で申し訳ないのですが…。

＊時間に余裕がない、急ぎであることに対して申し訳ない気持ちを示す。

▶ **I'm sorry for the urgent request.**

緊急の依頼で申し訳ありません。

▶ **Apologies for the tight schedule, but could you please ... ?**

スケジュールがタイトで申し訳ないのですが、…していただけますか？

＊apologies = I apologize を省略したもので、丁寧度は低くなるが、ビジネスではよく使われる。

▶ **I'm sorry to rush you, but would it be possible to have you get back to me by the end of the day?**

急がせてしまって申し訳ないのですが、今日の終わりまでに返信をいただくことは可能ですか？

ビジネスシーン❶

NYからの urgent request（急ぎの依頼）に対して香港チームにいる同僚に
サポートを電話でお願いする。

A：Keita
B：Joanne（同僚）

A：Hi Joanne, sorry to bother you. We received an urgent request from the New York team, and we'd like to ask for your help.

B：Sure, how can I help?

A：Thank you so much! They are presenting the quarterly hiring stats during the global call Wednesday evening, and they need input from APAC. I was told that they need this by 9 a.m. Japan-time tomorrow. I'll start working on the numbers for Japan, but could I please ask you to gather the numbers for Hong Kong, Shanghai, and Beijing? If you could get them to me by around 8 a.m. tomorrow morning your time, I'll consolidate everything and send it by the deadline. I'm sorry it's such a rush.

B：Understood, I'll get to it now!

A：ジョアン、急にごめんね。ニューヨークチームから緊急の依頼が来て、ちょっと力を貸していただきたいです。

B：もちろん、どういう件ですか？

A：どうもありがとう！　水曜日の夜のグローバルコールでクオータリー（四半期）の採用関連のスタッツ（数字、統計）を発表するとのことで、APACからの情報が必要だそうです。これを明日の日本時間の朝9時までに必要だと言っています。日本の分はこれから取りかかりますが、香港、上海と北京のスタッツを集めていただいてもよいですか？　そちらの朝8時までに送っていただければ、全部まとめて締め切りの時間までに送るようにします。急ぎで申し訳ないです。

B：了解、すぐに取りかかります！

ここに注目！

❶丁寧な表現で依頼する

相手は同僚なので、少々カジュアルではありますが、気遣いの感じられる表現を使っています。"could I please ask you to ..." とリクエスト形式で聞いているところがポイントです。

❷納期や緊急度を明確に示す
❸依頼内容の背景やアクションを取りやすくなるような情報を伝える

「誰のため、何のためか」「いつまでに必要か」が明確で、優先順位を付ける材料がそろっています。「グローバルコール」「発表」「明日の朝までに」と聞けば、「各地域のヘッドを含む重要な人が参加する電話会議」「発表のために数字が必要」「情報がない、間に合わないことのリスクや影響は大きく、避けなければならない」ことも伝わり、緊急度が上がります。

❹申し訳ない気持ちを伝える

電話の会話の初めから "sorry to bother you." と言ったり、最後に "I'm sorry it's such a rush." と言うなど、申し訳ない気持ちも伝えていて、全体的に気遣いの感じられる依頼になっています。

1

ビジネスで日々直面するシーン

ビジネスシーン ❷

繁忙期だが、健康・家族の事情など、やむを得ない理由により長期休暇や特別な休暇を申請する必要がある。メールで伝えた後に1-on-1 meeting（1対1のミーティング）で伝える。

A：Ken
B：John（マネージャー）

A：John, thank you for taking the time to meet with me. As I mentioned in my email, I would like to request a leave of absence. There's an illness in the family, and I need to be with them. I would like to begin my leave from July 12 and return on August 9, if possible. I'm sorry that this coincides with one of the busiest times of the year for our team. I will be staying with my family in Osaka and will be reachable by phone and email. So, please don't hesitate to contact me if there is any emergency.

B：Thank you for letting me know. I hope things are OK with your family. Let's double-check with HR and take care of any formal documents. We can discuss coverage for your responsibilities later.

A：Thank you very much for your understanding and consideration. Please let me know if there is anything I can do to help with planning for coverage.

HR = Human Resources（人事部）

A：ジョン、このミーティングのために時間を割いてくださってありがとうございます。メールでお伝えした件ですが、長期休暇を申請させていただきたく思います。家族が病気になり、一緒にいなければいけません。7月12日から休暇に入り、8月9日に復帰したいと考えています。1年のなかの繁忙期と重なってしまい、申し訳なく思います。大阪にいる家族のところに滞在し、電話とメールで連絡がつくようにいたします。何か緊急のことがありましたら、遠慮なくご連絡ください。

B：知らせてくれてありがとう。ご家族が無事であることを願っています。人事部と

必要な書類（手続き）などについて再確認しておきましょう。あなたの仕事のカバーについては後で話し合いましょう。

A： ご理解とご配慮をいただきありがとうございます。準備に向けて何かできることがありましたらご教示ください。

ここに注目！

❶ 丁寧な表現で依頼する

リクエスト形式ではないものの、"I would like to request ..." と、フォーマルなニュアンスのある表現で申請内容を伝えています。

❷ 納期や緊急度を明確に示す

長期休暇の期間を明確に述べています。

❸ 依頼内容の背景やアクションを取りやすくなるような情報を伝える

ある程度具体的な理由を述べることが大事な場合もあります。ただの「休暇」の申請なのか、「緊急事態」や「家族のため」なのかでは印象が異なります。第2文（... I would like ...）～第3文（There's an illness ...）で言っていることは、たとえば "I'd like to request a leave of absence for family reasons/personal reasons/medical reasons." と言い換えることもできます。相手との関係性やその場の空気にもよりますが、理由や背景を説明して、重要性や緊急性を示すと申請を受け入れてもらいやすくなります（病気や家族の状況などの詳細の説明は不要で、シリアスな状況であることが伝われば十分です）。

❹ 申し訳ない気持ちを伝える

繁忙期と重なってしまうことへの申し訳ない気持ちを伝え、最後に感謝を述べていて、気遣いの感じられる言い方です。自身が不在にする間の仕事のカバーのプランニングにも積極的に関わることを自ら申し出ていることからも、申し訳ない気持ちと責任を取る姿勢が伝わります。

＊ アプローチおよび表現とは別に、次の点も考慮しましょう。所属組織の休暇に関するガイドライン（就業規則）の確認、申請先の確認（直属の上司など）、申請方法の検討（先にメールをしてフォローアップの電話や 1-on-1 meeting を設定するなど）、申請するタイミング（調整が必要な場合は早めがベスト、上司が忙しい時間を避けて落ち着いて話せるタイミングを見計らう）など。

03 | 会話を切り上げる

　会話を切り上げたいとき、適切な表現が思いつかず、切り上げるきっかけを見失って会話が長引いてしまうことはありませんか？　ただ、いきなり終了すると唐突な印象になるので、クロージングに向けてのステップを取って終わりに向かいます。会話が長引いている場合や次に予定があって切り上げたいときでも、相手が不快に思わないようにして、相手との関係を崩さないように気を使いたいものです。ポイントは、「慌てないこと」「相手に心の準備をしてもらうこと」「（話せてうれしかったなどの）ポジティブな言葉を添えること」です。「話を終わらせたい」「その場を立ち去りたい」と思っているという印象を与えないように、「別れの準備の言葉」でワンクッション置き、徐々に別れの言葉に持っていきます。相手と状況によりますが、以下のアプローチを参考にしてください。

アプローチ▶

1. 次の予定があることを伝える
2. 話せてうれしかったと伝える
3. 話の要点を述べる（相手が察して話が終わりに向かう）
4. 後日や他の機会に続きを話しましょうと伝えて次につなげる

① 次の予定があることを伝える

　時間は有限ですし、都合により会話を終わらせないといけない場合があるのはお互いさまです。急いでいたとしてもよい印象を残せるように、余裕のある態度でポジティブに会話を切り上げるようにします。もちろん、次の「予定」を口実にしなければならない場面もあるでしょうし、決まった予定ではなく「やらなくてはいけない仕事」があるかもしれませんが、同じアプローチが使えます。理由を簡潔に述べ、いきなりではなく、②や④と合わせて段階的に終わりに持っていき、ポジティブな印象で気持ちのよい終わり方にします。

　余談ですが、オフィスでの電話の会話の切り上げ方の速さには感心します。たとえば、"Yeah, uh-huh, right. Oh, sorry I have to jump to another call. Yep. Talk to you later, bye."（ええ、ああ…すみません、他の電話に出なければいけないので、はい、後でかけ直しますね、じゃあ）と 5 秒ほどで手早く切り上げ、その 2 秒後には他の電話会議のリンクをクリックして "Hi, it's Koji here."（はい、浩二です）などと言ったりします。オフィスでは日常茶飯事なので、このような急展開に慣れるのもよいかもしれません。

成功フレーズ　⓪20

▶ **I'm sorry, but I need to attend a meeting at 4 o'clock.**

申し訳ないのですが、4 時からのミーティングに出席しなければいけません。

※丁寧かつ明確に伝えている。
※ここに It was great talking with you. Let's catch up again soon.（お話できてよかったです。また近いうちにキャッチアップしましょう。）など②や④の表現を追加する。

▶ **I'm afraid I need to be going.**

そろそろ行かなければいけません。

※I'm afraid とクッション言葉が添えられている。

▶ **I'm sorry, but I noticed that I'm late for my appointment.**

申し訳ないのですが、次の予定に遅れていることに気がつきました。

▶ I probably should get back to my desk and finish up my work. It was great talking with you!

そろそろデスクに戻って仕事を終わらせた方がよさそうです。お話しできてうれしかったです！

▶ I just realized that I have a meeting starting soon. I really enjoyed speaking with you.

まもなくミーティングが始まることに気がつきました。お話しできてとても楽しかったです。

▶ I'm sorry, I have a meeting this afternoon that I need to prepare for. I should get going, but it was great talking with you!

すみません、午後のミーティングの準備をしなければいけません。もう行かなければいけませんが、お話しできてよかったです！

▶ Oh! I just noticed what time it is, and I need to get to my next meeting. I hope we can continue our conversation another time.

もうこんな時間なんですね。次のミーティングに行かなければいけません。このお話の続きをまた別のときにできたらうれしいです。

▶ I'm really sorry, I just realized that I need to make a phone call. Can I catch up with you later?

すみません、電話をしないといけないことに気がつきました。後ほどお話の続きをしてもいいですか？

＊状況によるが、本当に急ぎのときに使う。実際に電話をする、または（電話をするために）その場を離れる必要がある場合に。

▶ I wish we could talk more, but unfortunately, I need to head over to my next meeting.

もっとお話ししたいのですが、残念ながら次のミーティングに向かわなければいけません。

▶ **I need to leave for my next appointment soon, but please tell me a bit more about ...**

次の約束があるので、そろそろ行かなければいけないのですが、もう少し…について教えてください。

　※「残り時間」を丁寧に示し、時間を区切ることで相手もまとめに入ることができる。

▶ **I don't want to take up any more of your time. Let's continue our conversation another time. How about lunch next week?**

これ以上あなたの時間を取ってしまうわけにはいきません。また別の機会にお話の続きをしましょう。来週、ランチへ行きませんか？

　※相手の時間を尊重していることが伝わる。

避けた方がよいフレーズ

021

▷ **I need to go now.**

もう行かなくては。

▷ **I have to run now. Bye.**

もう急がなければ。では。

❷ 話せてうれしかったと伝える

　次の予定や仕事など切り上げなければいけない事情を伝えた後、あるいは会話がそろそろ終わりに向かっているシグナルになる言葉を発した後、ポジティブなひと言で終わるのが理想的です。「私の話がつまらないのだな」「もう話したくないのだな」と思わせてしまうことは防げます。話せてうれしかったことが相手に伝わると、気持ちのよい終わり方になります。

▶ **Thank you for taking the time to talk with me today. It was very helpful.**

今日はお話しする時間をいただきありがとうございます。とても助かりました。

▶ **It was a pleasure meeting you, Jake.**

お会いできてうれしかったです、ジェイク。
＊初対面の相手に使う表現。

▶ **It was great seeing you [again], Jake.**

（また）お会いできてうれしかったです、ジェイク。
＊再び会った相手に使う表現。
＊名前を言うとよりパーソナルに感じられ、親しみが加わる。

▶ **Well, Jake, I'm glad we were able to see each other again.**

それでは、ジェイク、再会することができてよかったです。
＊「Well（それでは…）」が終わりに向かうシグナルになる。

▶ **I'm really glad I had the chance to talk with you.**

お話しできてとてもうれしいです。

▶ **It was really nice talking with you. I'll check out the book you recommended as soon as I get off work today!**

お話しできてうれしかったです。仕事が終わったらすすめていただいた本を早速チェックしたいと思います！
＊話した内容（この場合は「おすすめの本」）を覚えており、それが自分にとって価値のあるものだったことも伝わり、相手にとっても気持ちのよい別れ方になる。

▶ **It's been a pleasure talking with you. I look forward to seeing you again soon.**

お話しできてうれしかったです。また近々お会いできることを楽しみにしています。

▶ I look forward to working on this project together.

このプロジェクトでご一緒できることを楽しみにしています。

▶ Please let me know if you have any questions.

何かご質問などありましたらご連絡ください。

▶ Here's my card. Please feel free to contact me if anything comes up.

こちら名刺です。何かあれば気軽にご連絡ください。

▶ If you'll excuse me, I think I'll go get some more to eat. It was very nice talking with you.

それでは、もう少し何か食べ物を取ってくるので、ここで失礼いたします。お話しできて楽しかったです。
＊パーティーや食事が提供されるイベントで。

▶ If you'll excuse me, I'd like to meet a few more people. I've really enjoyed talking with you.

他の方々にもごあいさつしたいと思いますので、ここで失礼いたします。お会いできてとてもうれしかったです。
＊パーティーやイベントで。

避けた方がよいフレーズ

023

▷ I should go now.

もう行かなくては。

▷ Sorry, but I need to go now. Bye.

すみませんがもう行かなければいけません。では。
＊ぶっきらぼうで温かみが感じられない表現。

③ 話の要点を述べる（相手が察して話が終わりに向かう）

　話している内容をまとめ始めると、それが会話が終わりに向かうサインになります。サマリーを述べるほかに内容を言い換えるアプローチもあります。「では、～ということですね、はい、では！」と急いでまとめに入ったりしないように注意しましょう。相手は「会話を終わらせたいんだな」と感じてしまいます。また、「next steps（次のステップ）」や「action items（今後のアクション）」を述べると、次の展開につなげることができて効果的です。もし該当しなければ、次回会えることを楽しみにしていることや次回続きを話したいと思っていることを伝えます（④）。

成功フレーズ　024

▶ **Now I understand that [...]. Thank you for clarifying these points.**

…だということを理解できました。これらの点を明確にしていただきありがとうございます。

▶ **Wow, our discussion gave me a lot to think about. Thank you so much.**

この会話のおかげで考えるためのたくさんのアイデアを得られました。どうもありがとうございます。

▶ **I see, so it means that [...]. I'll work on this further and get back to you by tomorrow.**

なるほど、…ということですね。もう少しやってみて明日までに連絡します。
＊話の内容を理解していることをサマリーとして伝え、次のステップも述べている。

▶ **Our conversation gave me several helpful ideas for the project. Thank you for sharing your thoughts. I'll start working on it right away.**

この会話のおかげでプロジェクトのアイデアをいくつか得られました。意見をシェアしてくださってありがとうございます。早速取りかかります。

▶ I see, so you're saying that [...]. Thank you for the clarification. It's been really helpful.

なるほど、…ということですね。ご説明ありがとうございます。とても助かりました。

▶ I see. That must have been quite a challenge for your team. I really hope things settle down soon. ... Well, I think I'd better head back to my desk.

そうなのですね、（あなたの）チームは苦労されましたね。早く落ち着くといいですね。…では、そろそろデスクに戻った方がよさそうです。

　※要点やまとめを述べるのではなく、相手の話にリアクションをする場合。形式的に聞こえないようにし、相手への配慮を示し、「…」で間を置くなどリアルな感情を込める。

▶ Wow, it sounds like you've really been stretched thin these days. I hope things settle down soon. ... Well, I will let you get back to work now. Let's catch up again soon.

なんと、最近は本当に忙しそうですね。早く落ち着きますように。…では、お仕事に戻った方がよさそうですね。またキャッチアップしましょう（近々話しましょう）。

　※相手の状況への同情と、今は話している余裕があまりないことへの理解を示している。

❹ 後日や他の機会に続きを話しましょうと伝えて次につなげる

　②だけでもポジティブな印象になりますが、さらに④があると、「相手との会話を楽しめた」「相手とまた話したい」という前向きな姿勢が伝わります。実際に次の機会を作りたいときに限りますが、"Let's talk later" や "Let's catch up later" のようにタイミングは曖昧でもいいでしょう（少々カジュアルですが「後でキャッチアップしましょう」の意味）。話の流れで、後で仕事や連絡のフォローアップが必要になった場合は、そのことに触れて次につなげることができます。「次」のことや next steps の話を持ち出すと、会話の終わりのシグナルだと相手も感じ取るでしょう。

▶ **I'd really like to continue our conversation later. How about lunch tomorrow? Would that work for you?**

ぜひまたの機会に話の続きがしたいです。明日のランチはいかがでしょう。ご都合はどうですか？

▶ **I would love to continue this conversation over lunch. Would you be available sometime next week?**

ぜひランチを食べながら話の続きができればうれしいです。来週のご都合はいかがですか？

＊相手への興味と相手と話したいという気持ちが示されている。

▶ **I'll follow up by email [later].**

（後で）メールでフォローアップしますね。

＊会話の内容によるが、話の続きがあるのに仕事や作業が発生して話す時間がない場合は、メールやチャットなど他の連絡手段で後で連絡を取ることを、話を切り上げるときに伝える。

▶ **It was great talking to you. I'll send you that file as soon as I get back to my desk.**

お話しできてよかったです。デスクに戻り次第、ファイルをお送りします。

＊I'll send you that file のほか、I'll forward you that email（例のメールを転送します）、I'll email you（メールします）など、話の内容に合わせてフォローアップの方法を述べる。

▷ **We should get together again someday.**

いつかまた会いましょう。

＊本当に会うつもりならいいが、そうでなければあまり言わない方がよい。

＊someday は曖昧で、少々形式的にも聞こえる。

ビジネスシーン❶

キッチンエリア（給湯室）で他部署の人と会話を始めたが、長引いてしまった。終わりを切り出すタイミングが難しい。仕事でお世話になることもあり、失礼になりたくない。

A&B ＝ 同僚

A : I just noticed the time. I'm sorry, but I need to get back to my desk to join a call. But I'd love to continue our conversation. How about grabbing a coffee* later this week?

B : Sure, let's do that.

A : Great, I'll ping** you later to set up a time.

B : Sounds great!

> *grab a coffee ＝「軽くコーヒーを飲む」という意味で、よくコーヒーを飲みながら話したり会ったりするときに使う。grab lunch などとも言う。カジュアルなので、より丁寧に言う場合はWould you be available to chat over coffee later this week? などがよい。
>
> **ping ＝ チャットなどのメッセージを送ることを意味する動詞。人や会社によって言い方が異なるが、I'll send you a message や I'll email you、I'll get in touch with you などで置き換えてもよい。

A : 今時間に気がつきました。すみません、コール（電話会議）に参加するためにデスクに戻らなければいけません。ぜひ話の続きをしたいので、週の後半のどこかでコーヒーを飲みに行きませんか？

B : ぜひ、そうしましょう。

A : よかったです！　では後で時間を設定するためにメッセージを送ります。

B : いいですね！

❶ 次の予定があることを伝える

コールがあることを明確に述べています。コールがない場合でも、立て続けの予定やスケジュール変更、飲み物を買うためだけに一瞬だけ自動販売機へ走るなどは日々よくあることです。廊下やキッチンエリア、お化粧室などで会話を早く切り上げたり、足早に次の予定に向かうようなことは自然で、相手が不快な思いをする可能性は低いでしょう。

❷ 話せてうれしかったと伝える

急いでいてもポジティブな言葉で締めくくっているので、よい印象で会話を終えることができています。

❹ 後日や他の機会に続きを話しましょうと伝えて次につなげる

日程を改めてコーヒーを飲みながら話の続きをしようと提案しています。一方で、話が合わない、話が長い、無理して相手に合わせると消耗してしまうなど、もう話をしたくないと思う相手がいるのも事実です。その場合は、④は省くか、以下のように曖昧なニュアンスにする手もあります。

I just noticed the time. I'm sorry, but I need to get back to my desk to join a call.

+ I hope to catch you another time!

…またの機会に話しましょう！　＊カジュアル。

+ I'll talk to you later!

ではまた後で！　＊特定の時間を指しているわけではない。

+ Have a great day!

よい一日を！

028

ビジネスシーン❷

イベントの懇親会で初対面の人と立ち話をしていたが、他の参加者とも話したいため丁寧に切り上げたい。

A：Naoko
B：Jill

A：It was nice talking with you, Jill. If you'll excuse me, there are a few other people I'd like to meet. I hope you enjoy the rest of the party!

B：The pleasure was mine, Naoko. Thank you, and the same to you!

A：ジル、お話しできてよかったです。他にごあいさつをしたい方がいらっしゃいますので、ここで失礼いたします。パーティーを楽しんでくださいね！

B：こちらこそ、直子。ありがとうございます、そちらも！

ここに注目！

❶次の予定があることを伝える
予定ではないが、他の参加者とあいさつをしたいという目的があることを伝えています。パーティーですので、終始1人と会話をするのではなく、他の参加者にあいさつをしたり、話をすることは自然なので失礼ではありません。

❷話せてうれしかったと伝える
It was と過去形で言っているため、「終わりなんだな」と相手に伝わるサインになります。その場を離れる理由を言い、最後に「楽しめますように」とポジティブに終わっています。パーティーやイベントでの会話ではよくある自然なやり取りです。

04 ミーティングを終わりに向かわせる
（脱線したとき／終了時間になったとき）

　ミーティングには目的や着地点があり、アジェンダに沿って進みます。ファシリテーターが、スムーズに進めるために時間を管理し、進行を担当し、質問や意見を取りまとめます（タイムキーパー役がいる場合もあります）。効率と生産性の観点から、予定通りに始まり時間通りに終了することが望まれます。遠くの地域のオフィスで働くメンバーも参加する場合は特に、時差の関係で相手の国または日本が早朝や夜遅い時間に設定されることもあり、その意味でも時間にはセンシティブです。

　ただし、意見交換が白熱したり、話が脱線したり、質問が多く出たりと、話やミーティング自体が長引く場面に遭遇することもあるでしょう。ファシリテーターやタイムキーパー役が不在の場合は参加者がタイムリーに speak up する（声を上げる）必要があります。筆者の経験ではミーティングが大幅に長引いたことはあまりなく、長引いた場合でも誰かが声を上げたり、（適切でその必要があれば）静かに退室する、あるいは電話やビデオ会議であれば drop off したり（切ったり）します。

　反対に予定よりも早く終了することもあり、その場合は "Looks like we're finished early, so you get ten minutes back." や "I'll give you back five minutes of your time."（早く終わったので10分〔5分〕お返しします）などと言うことがあります。

アプローチ▶

1. 時間に制限があること・終了時間になったことを伝える
2. 脱線したことを知らせる
3. まとめに入る
4. 話の要点と次のステップを述べる

❶ 時間に制限があること・終了時間になったことを伝える

　外資系企業や英語圏の組織では基本的にアジェンダがあり、事前に共有されてその通りに進みます。場合によっては agenda item（各項目）につき所要時間が決まっています。その項目の担当者の話やディスカッションが長引く場合はファシリテーターが中断したり、あるいはまとめに入るように他の参加者が促すことがあります。

成功フレーズ　　　　　029

▶ **It looks like we're out of time, so let's stop here.**

終了時間になったようですので、ここで終わりにしましょう。
　＊It looks like ... で少々柔らかい表現になる。

▶ **It looks like we're out of time. Shall we regroup later this week?**

終了時間になったようです。（この件について話すため）週のどこかで再度集まりますか？

▶ **We haven't covered everything on the agenda. Should we set up another meeting?**

議題をすべてカバーできませんでした。ミーティングを追加で設定しましょうか？

▶ **We still have a lot to cover on the agenda, so why don't we close this off now. Does anyone have any final comments?**

まだ話さなければいけないトピックがアジェンダにありますので、そろそろこの件に関しては終わりにしましょう。最後に何かコメントはありますか？

▶ **I'm afraid I have to run to another meeting now.**

恐れ入りますが、次のミーティングに行かないといけません。
　＊終わりまで待てず失礼しないといけないときに使う。run を使うと「急いで行かないといけない」というニュアンスになる。

47

▶ I'm sorry, but I need to attend a meeting that starts at noon.

すみません、正午開始のミーティングに参加しなければいけませんので失礼いたします。

＊ミーティングが終わらないことの解決にはならないが、発言者は退室でき、他の人も時間に気がついて、ミーティングがまとめに入るきっかけになる可能性もある。

次のトピックに移るとき（アジェンダの項目の予定所要時間が過ぎたとき）

▶ It's about time we move on to the next topic on the agenda.

そろそろアジェンダの次のトピックに移るべき時間です。

▶ We need to move on to the next topic now, but does anyone have any comments before we do so?

次の議題に移らないといけませんが、その前にコメントはありますか？

▶ In the interest of time, let's move on to the next topic.

時間を考えて、次の議題に移りましょう。

＊この場合 interest は「興味」ではなく、「時間を考慮して」というニュアンス。in the interest of time というフレーズは、時間に限りがあるときや、進行が遅れているときなどに言う。

▶ If there are no further questions or comments, let's move on to the next item.

もし他にご質問やコメントがなければ、次の議題に移りましょう。

▶ We're running short on time, so let's move on to the next topic.

時間がなくなってきていますので、次の議題に進みましょうか。

避けた方がよいフレーズ

▷ **We have to close now.**

もう終わらせなければいけません。

▷ **We need to end the meeting now.**

もうこのミーティングを終わらせなければいけません。

▷ **Let's stop now.**

ここでストップしましょう。

　※ 上記のフレーズはどれも唐突に言うのは避けたい。まとめに入る、次のステップを確認する などをしてできる限りスムーズに終わりに持っていきたい。

② 脱線したことを知らせる

　ミーティングではアジェンダや結論、目的という着地点がはっきりしていることから、時間を管理して時間内に話を終わらせることと、きちんと必要なトピックについて話し合うことにコミットします。価値のある内容や発言の場合は続ける意味もあるかもしれませんが、線引きが必要です。また、時間に限りがあること以外にも、その話がその場にいる参加者全員に関係があるのかを見極めないといけません。

　そもそも出席者が「自分に関係のあるミーティングなのか」、「自分が貢献できるミーティングなのか」を意識して参加しているということを念頭に置きましょう。実際、筆者が出席したミーティングでも「このミーティング、私が出席する必要あったかな…」というコメントを終了後に聞いたことがあります。また、meeting invitation（Outlook Calendar などでミーティングを予定する際に送る「招待メール」）に対して「これは参加する必要ないと思うので decline（辞退）します」という返事を見たこともあります。話が脱線した際は参加者全員の時間を使っていることにも気を配りたいものです。

▶ **It seems like we're getting off the topic.**

話題がそれてしまっているようです。

＊やんわりと指摘するニュアンス。

▶ **I'm afraid that's outside the scope of this meeting.**

恐れ入りますが、それは今回のミーティングの範囲外です。

＊outside the scope of は outside the scope of our responsibilities（責任や仕事の範囲外）のようにも使う。

▶ **I'm afraid we've gone a bit off the topic. Let's get back to what we were discussing.**

恐れ入りますが話題から少しずれてしまったようです。話していたことに戻りましょう。

＊クッション言葉の I'm afraid を添えて印象を和らげている。

▶ **Let's try to stick to our agenda.**

アジェンダに沿っていくようにしましょう。

▶ **Let's go back to what's on the agenda for this meeting.**

アジェンダの項目に戻りましょう。

▶ **Let's discuss that at another meeting.**

それは別のミーティングで話しましょう。

▶ **Why don't we take that offline?**

オフラインで話しましょうか。

▶ **Let's take that offline [and go to the next item on the agenda].**

それはオフラインで話すことにしましょう（そして次のアジェンダに移りましょう）。

▶ **Why don't we go back to our agenda for today?**

今日のアジェンダに戻りませんか？

▶ **Perhaps we can revisit this next week.**

この件は来週もう一度話し合いましょうか。

▶ **Maybe we can come back to this later (in our next meeting).**

この件については後で（次回のミーティングで）話しましょうか。

避けた方がよいフレーズ

032

▷ **We need to change the topic now.**

もうトピックを変えなければいけません。
※急でストレートすぎる表現に聞こえる。

▷ **That's not relevant to what we need to discuss.**

それは話すべきことと関係ありません。
※実際そうであっても冷たい言い方で、相手は不快に思う可能性がある。

❸ まとめに入る

　場面03のアプローチ③と同様、まとめに入ることは終わりに近づいているシグナルになります。ミーティングでは各項目の終わりやミーティング自体の最後に要点をまとめて次のステップについて述べるため、自然なアプローチです。wrap up, recap, summarize, next steps, action items などのキーワードが出れば、まとめのサインで、④に入ります。時間がない場合はまとめる余裕もないため、③は現実的ではなく、有効ではない場面もあります。現場の雰囲気や残り時間に合わせて臨機応変に対応しましょう。

▶ **In the interest of time, let's wrap this up.**

時間のことを考慮してそろそろまとめに入りましょう。

＊ wrap up =「(話) を終える・をまとめる・を締めくくる」の意味。

▶ **I'm afraid we only have five minutes left in this meeting, so I'd like to start wrapping up.**

恐れ入りますが、残り5分となってしまいましたので、そろそろまとめに入りたいと思います。

＊ファシリテーターまたはスピーカーが使う表現。

▶ **It's about time we wrap up. Is there anything that we haven't covered?**

そろそろまとめに入る時間となりました。まだカバーしていないものはありますか？

▶ **Let's make sure that everyone is on the same page before we bring things to a close.**

終わる前に、全員が同じ理解でいることを確認しましょう。

＊ on the same page =「同意している、同じ理解や見解を持つ、同じものを目指している状態」の意味。

❹ 話の要点と次のステップを述べる

③でサインを出した後に④でまとめますが、直接④に入ることもあります。ここでも recap や summarize に加え、next steps や follow-up などを使って、次につながるように持っていきます。「次」の話を持ち出すと、焦点がミーティングの後のことに向けられるため、ミーティング（またはアジェンダの項目）が終わりに向かっていることが明確になります。

成功フレーズ 034

▶ ## Let's recap what we've covered.

話し合ったことを要約しましょう。

＊ recap =「〜を要約する、（要点）をまとめる、（大事な点）をもう一度言う」の意味。

▶ ## Let's summarize what we've discussed.

話し合ったことを要約しましょう。

▶ ## Let's discuss next steps.

次のステップについて話しましょう。

▶ ## Let's confirm the next steps.

次のステップについて確認しましょう。

▶ ## Let's confirm what we've agreed on and discuss the next steps.

合意した内容と次のステップを確認したいと思います。

▶ ## Let's go over the next steps (action items) before we wrap this up.

終わる前に、次のステップ（アクション・アイテム）について話しましょう。

▶ ## It's about time we close off. Here are the key takeaways.

そろそろ終わりの時間です。今回得たものは次の通りです。

＊ takeaways =「得るもの、収穫」の意味。lessons learned は「学んだこと」の意味。

▶ ## I'll send a recap email after the meeting.

ミーティングの後にまとめのメールを送ります。

＊ ミーティング中に話をまとめる時間がないため、あるいは全員が共通認識を持っていることをミーティングの後に確認するために、まとめのメールを送るときの表現。

▶ I'll follow up with a recap email, so please look for it and let me know if I missed anything.

ミーティングの後にまとめのメールを送りますので、（届くまで注意して）見ていただき、（届いたら内容を確認して）漏れがあればお知らせください。

ビジネスシーン❶

アジェンダが多いミーティングで1つのトピックの話が長引いてしまい、まとめに入らないと他の議題にたどり着けなくなる。

A：Yuki（ファシリテーター）
B：Wilson（スピーカー）

A : Hi, Wilson, I'm sorry to cut in. I'm afraid we need to wrap up this section and move on to the next item on the agenda.

B : Oh sorry, let me close with just one comment.

A：ウィルソン、中断してすみません。申し訳ないのですが、そろそろまとめに入って次のアジェンダの話題に移らなければいけません。

B：ああ、すみません。ではもう1つコメントして終わります。

ここに注目！

❶時間に制限があること・終了時間になったことを伝える

アジェンダのトピックに所要時間を指定していない場合でも使える表現です。「指定時間を超えてしまった」、「残り時間が○分だ」などと述べず、「次に進まないといけない」と言っています。細かいことですが、「ウィルソン」と名前を呼ぶことで相手の注意を引きつけることができていて、よりパーソナルで相手を尊重している響きになっています。

ミーティング中に話が脱線し始めたため、相手の発言を尊重しつつ、やんわりと話を戻す。

A：Risa
B：Matt（同僚）

A：Matt, I think you brought up a great point. I'm afraid we don't have time to get into the details today, and perhaps we can discuss it further at our next meeting.

B：Sure, sounds good. I didn't mean to get off-track.

A：Not at all. Let's touch base later.

A：マット、とてもよい点を（話題に）挙げてくださったと思います（指摘してくださったと思います）。今ここでは詳細について話す時間がなくて残念なのですが、次回のミーティングでもっとお話しできるかと思います。

B：もちろん、そうですね。脱線するつもりはなかったです。

A：いえいえ、大丈夫です。後で話しましょう。

ここに注目！

❶時間に制限があること・終了時間になったことを伝える

クッション言葉の I'm afraid … を添えて、このミーティングでは詳細について話す時間がないことを伝えています。そこで、相手は話がそれてしまったことを察しています。また、いい指摘だと伝え、詳細については次回話すことを提案することにより、相手は発言に価値があったと感じられ、話が中断されても不快な思いにはならないでしょう。最後の "Let's touch base later." は、ミーティングの後に別途2人で連絡を取るというニュアンスで、マットが話に出したポイントについてフォローアップすることが予想されます。ただし、相手の発言に関連性がなく、今後も話す機会がない場合は、「後で話しましょう」は不要かもしれません。

05 | 話を中断されたときに対応する

　2020年アメリカ大統領選挙に向けた2020年10月7日の副大統領候補の討論会で、マイク・ペンス副大統領がカマラ・ハリス上院議員（当時）の話を遮る場面が複数回ありました。そのときのハリス氏の反応が話題になりました。

"Mr. Vice President, I'm speaking."
"If you don't mind letting me finish, we can then have a conversation. OK?"

　冷静かつ自信を保ちながら、笑顔を浮かべる余裕も見せながら落ち着いた声でこのフレーズを述べたその対応がソーシャルメディアで称賛されました。皮肉を込めた笑みと言葉ではありましたが、感情的にならず、大人の対応と言えます。

　ビジネスの現場でも、話の途中で誰かに割り込まれたり、話のペースを乱されることはあります。ハリス氏の振る舞いは、場の雰囲気も損ねず、冷静かつ丁寧に対応するためのヒントになるでしょう。ただし、相手との関係性によって対応のアプローチを変える必要があります。

　友人同士の会話で、相手への共感を示すために声をかぶせて話し、盛り上がることがあります。しかし、ビジネスシーンでは、話に割り込む際の理由や意図はさまざまです。「追加のコメントをして貢献をする」、「話を支持したり強調するために発言をする」、「自分の理解を明確にしたい」といったポジティブなものがある一方で、「圧力をかける」、「『自分の方が知っている・正しい』と周囲に知ってもらいたい」といった意図があるのも事実です。

さらには、コミュニケーションのスタイルの違いが背景にある場合もあります。日本語話者と英語話者、そして国や地域によって会話の「間」や「話者交代」に対する意識が異なるため「話が中断されている」と感じる度合いが違ってきます。

相手がマネージャーやシニアなポジションであれば、対応の仕方には注意します。相手が話を中断しがちな習慣をもっていたり、スムーズなディスカッションを妨げる傾向があったとしても、他の人の前で「迷惑だ」と言ったり「話し手」の役割を取り戻そうとするのは好ましくなく、そこで強く出たところで状況はよくなりません。「フラットな職場」だとしても、このような場面では立場を無視することなく、空気を読むことが大切です。英語では read the room と言います。

アプローチ▶

① 話を続ける／話を止めて待ってみる

② まだ話の途中だと述べる／強めに言う

③ コメントは後にしてほしいと言う

④ 相手の話に関心があることを示しながら、まずは話を終わらせたいと伝える

⑤ まずは話を終わらせたいと言う

⑥ 相手の発言を一旦受け止めて話を続ける

① 話を続ける／話を止めて待ってみる

まずは相手が気づくことに期待をして、声のボリュームを上げて話し続けてみます。ただし、相手が気がつかない、あるいはあえて話をやめない場合、声をかぶせた状態では周囲はどちらも聞きづらいですし、少々大人気ない印象です。話を止めて、相手が察して話すのを止めたらそのまま話を再開する方法もあります。それでも相手がやめなければ、相手や状況に合わせて②〜⑥のアプローチを取ります。

037

▶ 〔間を置く〕... and what I found was ...

…それで分かったことは…
※相手が話をやめたら、何もなかったかのように話を続ける。

▶ So, what I was saying was ...

それで私が言っていたのは、…
※話を中断した相手の行動にやんわりと触れている対応なので、注意深く使いたい。

❷ まだ話の途中だと述べる／強めに言う

　②は、①～⑥のなかでは強めの対応となるため、使う場面と相手が限定される
アプローチです。話のスムーズな進行が困難になるなど、やや失礼な場合に限り
ます。また、いくら迷惑でも目上の人に対してこの対応を取ることは控えた方が
いいでしょう。③と組み合わせる場合もあり、組み合わせ方によっては丁寧度の
バランスが取れます。

　以降のアプローチにも共通することですが、名前を呼ぶのは相手の注意をこち
らの発言に向けるのに効果的です。子供の頃、何かを注意されたり叱られたとき
に両親に名前を呼ばれた経験はありませんか？　名前を呼ぶと相手の注意を引く
ことができ、「これは注意すべき瞬間なのだな」「この後何か大事なことが来る
な」と意識を向けてもらうことができます。

038

▶ Excuse me, but I'm not finished.

すみませんが、まだ話が終わっていません。
※相手が話を止めたら Thank you. を挟んで話を続けると丁寧。

▶ Excuse me, but I haven't finished what I wanted to
say.

すみませんが、まだ話の途中です。
※同じく、相手が静かになったら間を置き Thank you. を挟んで話を続けると丁寧。

▶ **Matt, I'd like to finish speaking.**

マット、話を終わらせたいのですが。
＊名前を呼んで注目してもらう。

▶ **May I finish?**

…終わらせてもいいですか？
＊少々強めの表現。

避けた方がよいフレーズ 039

▷ **I'm still talking. Could you please stop interrupting?**

まだ話しています。中断するのをやめていただけますか？
＊直接的な言い方。

▷ **Can you stop interrupting while I'm talking?**

私が話している間、中断するのをやめていただけますか？
＊Can を使っていることも丁寧度が下がっている要因。

▷ **Please ...**

お願いだから…。
＊トーンにもよるが、呆れたり、うんざりしている気持ちを含むニュアンス。

❸ コメントは後にしてほしいと言う

　トーンの強弱と丁寧度合いを調整できるため、比較的幅広く使えるアプローチです。場合によっては②と合わせることも可能です。

成功フレーズ 040

▶ **I'd appreciate it if you would save your comments until I've finished.**

コメントは話の終わりまでお待ちいただけますと助かります。
＊I'd appreciate it if ... と表現していて比較的丁寧。

▷ Janet, could I ask you to hold on to your comments for now?

ジャネット、今はコメントを（後まで）取っておいていただいてもよろしいですか？

＊リクエスト形式で丁寧なニュアンスだが、「後にしてほしい」というメッセージが伝わりやすい。

避けた方がよいフレーズ　　041

▷ Can you save your comments for later?

コメントは後にしていただけますか？

＊少々ぶしつけな言い方。

❹ 相手の話に関心があることを示しながら、まずは話を終わらせたいと伝える

　相手の話そうとしていることに興味を示していて、後で話してもらう時間や機会を設ける意図が伝わるため、相手の気分を損ねにくい表現方法です。場の雰囲気もポジティブに保てます。相手が話に貢献したいために途中で言葉を挟んでしまう様子や、意欲的に話に参加したい様子であれば一旦ひと言挟み、話を終わらせたいことを伝えます。ビジネスでは polite and diplomatic な対応を意識したいものですが、その例と言えます。

成功フレーズ　　042

▷ I'd like to hear your comments, but first, I'd like to finish sharing my updates (summary, results).

コメントを聞きたいですが、まず私のアップデート（サマリー、結果）の話を終わらせたいです。

▷ Matt, I'd appreciate your input, but please let me finish first.

マット、コメントはありがたいのですが、まず話を終わらせてもいいでしょうか。

▶ I'm interested in hearing your feedback, but I'd like to finish explaining [the proposal] first.

フィードバックをぜひお聞きしたいのですが、まず（企画についての）説明を終わらせたいと思います。

＊相手が意見や感想を途中で言ってきたときに。I'm interested in hearing your comments, (opinions, ideas, etc.) など応用可能。

▶ Sarah, I'm glad that you agree with me. Let me just finish what I was saying …

サラ、同意していただけてよかったです。ちょっと話を終わらせたいのですが…。

＊話し手の役割を自分に戻し、話の続きを終わらせたいと相手に伝えるための表現。

▶ Sarah, I'm happy that you agree with me. I'd just like to conclude my remarks by saying that …

サラ、同意していただけてうれしいです。では話をまとめたいのですが…。

プラスαのフレーズ

▶ Then, we can open it up for discussion.

その後にオープンなディスカッションにしましょうか。

＊最初に話を終わらせたいと伝え、このひと言を添えることもできる。

---

⑤ まずは話を終わらせたいと言う

　④と部分的に重なりますが、相手の話に関心があることを伝えるひと言がないため、⑤は言葉のチョイスとトーン次第で、「アサーティブ」から「強め（アグレッシブ）」までニュアンスが変わってきます。また、相手の中断の仕方や発言の内容に合わせて表現を変える必要があります。

　たとえば、後で説明することについて「○○についてはどうなのか？」や「それは○○だから△△なのでは？」のように割り込んできた場合は「後ほど説明します」とひと言挟むことで、相手を阻止することができます。一方で、悪意があるわけではなく、話の途中で口を挟む習慣の持ち主だった場合や、貢献したいために割り込んできた（と思われる）場合は、丁寧かつクリアに「後ほど話をお聞きします（まず話を終わらせてください）」と伝えましょう。

　やや迷惑で失礼な相手には、より強めの表現を使います。どの表現も、声のト

ーンと表情で相手への伝わり方も変わります。ノンバーバルな要素（コミュニケーションの内、非言語的な要素）にも気を配り、メッセージを発信しましょう。

成功フレーズ　043

▶ **I'll get to that in a moment.**

それに関しては後ほど触れます。
＊相手が言おうとしていることについて、自分が後で話す予定の場合。

▶ **Could I please finish?**

話を終わらせてもいいですか？
＊少々強め。

▶ **I'm afraid that this discussion won't go anywhere if you keep interrupting.**

恐れ入りますが、話を中断されるとディスカッションが進みません（建設的なディスカッションができません）。
＊強い表現。相手に話を中断されていると述べていることから、相手に強めに伝わる。

▶ **I don't appreciate your talking over me.**

話をかぶせてくることを遠慮していただけますか。
＊強い表現。相手が明らかに失礼なときに。

▶ **Perhaps it would be best to talk another time.**

他の機会に話した方がよさそうですね。
＊強いメッセージ。諦めを示す表現。

▶ **I'd be happy to listen after I've finished what I wanted to say.**

話し終わった後に、ぜひお聞きしたいです。
＊丁寧な表現で、相手の発言に興味を示している。

▶ # So Ken, you were saying that … ?

…それでケン、先ほど何とおっしゃっていましたか？

＊話を終えてから、話の途中で割り込んできた相手にコメントをする機会を与える際の表現。

避けた方がよいフレーズ ⟨044⟩

▷ # Let me finish.

最後まで言わせて。

＊イントネーションとボディーランゲージによっては強い印象になる。そのため、「使うべきではない表現」とまではいかないかもしれないが、避けた方が無難。相手が本当に失礼ならOKな場合もあるが、「成功フレーズ」で紹介している表現より強めのため、使い方を注意すべき表現と言える。また、次のページの「ビジネスシーン①」のように文脈によって、ニュアンスが変わる。

❻ 相手の発言を一旦受け止めて話を続ける

相手がやや失礼な場合に、コメントを一旦受け止めてそのまま続けるアプローチです。話は続けますが、相手を無視するわけではなく、相手に「話に割り込まないでほしい」と暗に伝えます。ひと言挟むため、相手の割り込みを一旦停止する効果もあります。

成功フレーズ ⟨045⟩

▶ # OK. Thank you. What I was saying is …

はい、ありがとうございます。私が言っていたのは…〔続ける〕。

＊声のトーンと表情・ボディーランゲージ次第では皮肉を込めたニュアンスにもなる。

▶ # I see. Thank you for your comments. So, …

なるほど。コメントありがとうございます。そして…〔続ける〕。

ビジネスシーン❶

ミーティングで話しているとき、補足をしようと度々話に割り込んでくる人に、冷静かつ強めに対応する。

A：John
B：Mike

A： According to the survey, 85 percent of the respondents indicated that they feel that their relationships with their co-workers have been positive, regardless of the remote-work situation.

B： Wait, what's the breakdown of the respondents?

A： I'll get to that in a moment. Among the 85 percent, 100 percent provided comments in the optional comments field.

B： I spoke with one of my colleagues, and …

A： Mike, I'd be happy to hear your input, but let me finish explaining the results of the survey first.

A： アンケートによると、85％の回答者がリモートワークの状況でも職場の人との人間関係が良好だと回答しています。

B： ちょっと待ってください、回答者の内訳は何ですか？

A： それについてはこの後説明いたします。その85％のうち、100％の方々が任意のコメント欄に記入をしました。

B： 同僚の一人と話したのですが…。

A： マイク、おっしゃりたいことはぜひお聞きしたいのですが、まずはアンケートの結果の共有をさせてください。

❺ まずは話を終わらせたいと言う

マイクが話を中断し、「回答者の内訳」について聞きますが、「この後触れます」とひと言挟んで続けています。実際にジョンはこの後に、内訳について説明しています。もしマイク（B）がより丁寧に中断していれば、ジョン（A）も同様に、より丁寧な返事をすることもできました。

丁寧な例

B：Wait, what's the breakdown of the respondents?

→ I'm sorry to interrupt, but may I ask what the breakdown of the respondents are?

話の途中で申し訳ありませんが、回答者の内訳についてお聞きしてもよいですか？

A：I'll get to that in a moment.

→ Thank you for asking. I will get to that in a moment.

ご質問ありがとうございます。この後ご説明いたします。

❹ 相手の話に関心があることを示しながら、まずは話を終わらせたいと伝える

2度も割り込み、ジョンがスムーズに話を進めることが困難な状況になっていますが、ジョンは冷静かつ丁寧に対応しています。名前を呼ぶことで、マイクにその後の発言にもっと注目してもらう効果を狙っています。

06 ┃ 予定や内容の変更を伝える

　ミーティングのリスケ(rescheduling)から商品のデザイン変更、クライアントへのプレゼンの内容変更まで、ビジネスでは日々、大小さまざまな変更が生じるものです。ステークホルダー（関係者など）に変更を伝えるのは、心理的に大きな負担がかかります。相手の反応はコントロールできませんが、アプローチと伝え方は工夫できます。その方法次第で相手の受け取り方も反応も変わります。変更による影響を最小限にするために速やかに連絡し、相手が受け入れやすいように理解しやすく伝えます。アプローチは自然と複数の組み合わせになることが多いでしょう。ここでも文頭にクッション言葉を添えると、発言の内容の衝撃を和らげることができ、誠実な姿勢が伝わります。

アプローチ▶

1. 変更の必要性と変更点を伝える
2. 理由や背景を伝える
3. 申し訳ない気持ちや感謝を伝える
4. 相手にメリットがあれば伝える

1

ビジネスで日々直面するシーン

　変更が判明した時点で、可能な限り速やかに（必要に応じて）関係者に伝えます。よくない知らせを伝えるのはストレスを伴いますが、角が立たないようにと曖昧な表現を使うと、ときに誤解や混乱を招いてしまいます。本題を最初に伝えるか、先に背景や理由を説明してから本題に入るかは相手と内容に合わせます。ただし、日本語では経緯などの説明から始まり、内容や結論が後にくることが多い一方で、英語でビジネスをする際は結論が先にくる傾向にあります。特にメールの場合は、冒頭が長いと「何が言いたいの？」「本題は？」と思われ、最後まで読まれなくなってしまいます。相手の目線に立ってメッセージの伝え方を工夫し、簡潔かつ明確に、さらに丁寧に伝える必要があります。内容には必要に応じて「変更の必要性」「変更点」「相手への影響」「（仕事への）影響」「必要なアクション」「今後のプロセス」などを盛り込みます。

成功フレーズ　　　　　　　　　　　　　　047

▷ I'm afraid we need to postpone our upcoming meeting because of ...

恐れ入りますが、…により次回のミーティングを延期しなければいけなくなりました。

▷ Unfortunately, there will be a delay in completing the product mockup due to unexpected circumstances.

申し訳ございませんが、不測の事態により商品のサンプル（モックアップ）の完成に遅れが出てしまうことになりました。

▷ I'm sorry to tell you that there will be a delay in completing the product mockup due to circumstances beyond our control.

申し訳ないのですが、コントロール不能の事態により、商品のサンプル（モックアップ）の完成に遅れが出てしまうことになりました。

▷ We're sorry to inform you that the campaign launch date has to be postponed.

残念なお知らせなのですが、キャンペーンのローンチ日を延期しなければいけなくなりました。

▷ Unfortunately, we will not be able to meet the deadline we initially agreed on.

申し訳ございませんが、当初同意に至った期日に間に合わせることが不可能になりました。

▷ I'd like to give you a heads-up that there may be a slight delay in sending you the presentation materials.

前もってお伝えしておきたいのですが、プレゼン資料の送付が少々遅れる可能性があります。

▷ Would it be possible to change our meeting from 2 p.m. to 4 p.m.?

ミーティング（の時間）を午後2時から4時に変更することは可能ですか？
＊リクエスト形式で伝える表現。

▷ Please let me know if that works for you.

ご都合に合うかお聞かせください。

避けた方がよいフレーズ 048

▷ We cannot meet the deadline.

期限を守れない（守れません）。
＊ぶしつけで一方的。

▷ We need to cancel our meeting.

ミーティングをキャンセルしなければいけない。
＊説明なしでややぶしつけで一方的。

　変更や延期をただ伝えられるのと、理由や背景とあわせて伝えられるのとでは印象が違います。後者の方が理解しやすく、受け入れやすくなります。相手への影響や必要なアクションも伝えるとよいでしょう。

　筆者の経験では、変更やミスなどが発生してもすぐに「誰のせいだ」「なぜそうなったんだ」となるのではなく、「それでは、どのように対応するか」と前向きで建設的な話し合いになることが多いです。ですので、理由について長々と話したり、「どうしてこうしなかったのか」「〜すればよかった」という話に時間を割くのではなく、「これからどのように解決して前に進むか」という話をすることになります。

　とは言え、理由や背景について簡潔な説明があると、建設的な話にも役に立ちますし、対応策も考えやすくなります。

成功フレーズ   049

▶ Something urgent has come up and I'm afraid I need to ask if we can reschedule our meeting.

　恐れ入りますが、急用ができてしまいました。ミーティングの日程調整をお願いしたいと思います。

▶ I'm afraid we need to hold off on the order because there might be a change in the design.

　あいにくデザインに変更が入る可能性があり、注文を保留にする必要があります。

▶ Unfortunately, there have been some problems with the [...], which caused a delay in the production.

　あいにく…に問題があり、生産に遅延が生じてしまいました。

▶ Due to a delay in the [...], I'm afraid we need to postpone the target launch date.

　…の遅れに伴い、あいにく目標のローンチ日を延期しなければいけなくなりました。

❸ 申し訳ない気持ちや感謝を伝える

　場面に合わせて申し訳ない気持ちや謝罪の言葉を添えます。さらに、状況によって、可能な方法で相手の負担や影響が少なく済むような対応を取ったり、「そちらの都合に合わせるようにしたい」と伝えると、相手への配慮と気遣いが伝わり、相手へのダメージも軽減できる可能性があります。たとえば、スケジュール変更で翌日のミーティングを延期しなければいけない場合は、再設定した日程はできる限り相手に合わせるようにします。また、それが適切な場合は謝罪だけでなく、感謝の気持ちを伝えるとポジティブな印象になります。最後に質問や不明点があるかを聞くとより歩み寄っている姿勢が伝わります。

成功フレーズ　　050

▶ I'm very sorry to ask you for this schedule change on short notice.

直前での日程変更をお願いしてしまい、大変申し訳ございません。

▶ I deeply apologize for the inconvenience this has caused.

ご迷惑をおかけしましたことを深くお詫び申し上げます。

▶ We sincerely apologize for the delay and the inconvenience.

遅れましたこと、そしてご迷惑をおかけしてしまいましたことについて、心よりお詫び申し上げます。

▶ We'd like to accommodate your schedule as much as possible.

できるだけご都合に合わせたいと思います。

＊ accommodate は「宿泊施設や建物、乗り物の収容能力」の意味だが、「便宜を図る、（人の）願いを聞き入れる、希望しているもの・必要なものを与える」というニュアンスでも使う。

71

▶ **Thank you for your patience.**

お待ちいただきありがとうございます。

＊I'm sorry to keep you waiting（お待たせして申し訳ございません）をポジティブに言い換えた表現として使える。

▶ **We greatly appreciate your understanding.**

ご理解いただき誠に感謝申し上げます。

▶ **Thank you for your patience and understanding.**

お待ちいただき、またご理解いただきまして、感謝申し上げます。

▶ **Thank you for always being so cooperative.**

いつも力を貸してくださりありがとうございます。

▶ **If you have any questions or concerns, please don't hesitate to contact us.**

ご質問やご不安な点などございましたら、遠慮なくご連絡ください。

▶ **Please feel free to contact me at any time if you have any questions or concerns.**

ご質問やご不明な点などありましたら、いつでも気軽にご連絡ください。

❹ 相手にメリットがあれば伝える

　無理やり「メリット」にこじつけようとしているように相手に感じられるとかえって印象が悪くなる可能性がありますが、もし実際にポジティブな面や好都合な要素がある場合はそれを伝えます。変更に対する印象が変わり、受け入れやすくなったり、対応策により協力的になったりする可能性があります。この際、「無理やり感」を出さないこと、そして empty promises（空約束）をしないように注意します。

▶ We believe that this buffer will allow more time to check the final details before the launch date.

変更によって時間的な余裕ができたので、ローンチ日までに最後の確認を行う余裕ができたと考えています。

▶ While this is an unexpected change, we believe that this will enable us to get ahead of the game, in relation to our competitors.

予期せぬ変更ではありますが、競合他社に差をつけて、有利な立場になれると考えています。

▶ We are confident that this change will work in favor of your marketing plan.

この変更は貴社のマーケティングプランに有利に働くと確信しています。

▶ We assure you that this change will not impact the distribution of the product.

この変更は商品の流通には影響しないことを確約します。

※ ただし、上記が真実でない場合は口先だけ（空約束）になるので、自信を持って言えない場合は言わない。

チャットの会話。海外オフィスの同僚とコールがあったが、クライアントとのミーティングが入ったため時間の変更をお願いする。クライアントを優先することは共通認識で、直前の予定変更はよくあることなので、ダメージは少ない。

A：Miho（同僚）
B：Joanne（同僚）

A：Hi, Joanne.

B：Hi, Miho.

A：I'm sorry for the short notice, but I have an urgent client meeting and need to reschedule our call tomorrow, August 17.

B：Sure, no problem.

A：Would you be available anytime between 10 a.m. and 3 p.m. HKT the following day, August 18?

B：I'm free any time after 1 p.m. Why don't we make it 1 o'clock HKT ?

A：That sounds perfect. Thank you so much for your understanding and flexibility!

B：Not at all!

A：お疲れさま、ジョアン。

B：お疲れさま、ミホ。

A：直前の変更で申し訳ないのだけど、明日8月17日は緊急なクライアントミーティングが入ってしまって、私たちのコールをリスケしなければいけなくなったの。

B：了解、問題ないよ。

A：明後日の8月18日の香港時間午前10時から午後3時の都合はどうですか？

B：午後1時以降はいつでも空いています。1時にしませんか？

A：パーフェクトです。ご理解と柔軟な対応、ありがとう！

B：いえいえ！

ここに注目！

❶変更の必要性と変更点を伝える
❷理由や背景を伝える
❸申し訳ない気持ちや感謝を伝える

簡潔に3つのポイントをカバーしています。この場面は、社内での同僚とのミーティングなので、クライアントとの予定が優先されています。申し訳ない気持ちや相手への感謝も伝えており、あらためて設定する日程は相手の都合を考慮して広めの時間帯で聞いています。相手が香港オフィスにいるため、香港時間で日程を調整していることからも気配りが感じられます。

ビジネスシーン ❷

新サービスのローンチが予定されていたが、ウェブサイト制作の遅延により予定日が延期になることを部門長に伝える。

A：Jasper（新サービスの責任者）
B：Alice（部門長）

A：Alice, I have some unfortunate news to share with you. I'm afraid that there will be a delay in the rollout of our new consulting service because of delays in website development.

B：I see. When is the expected completion date for the website?

A：The developers are estimating completion on September 9, which is one day after the original rollout date.

B：Hmm, I see. We haven't yet announced the rollout date via press release or any other media outlet, right?

A：That's correct.

B：OK, I'll inform the internal stakeholders. Please keep me posted on the website's status.

A：I certainly will. Thank you for your follow-up.

B：Thank you for the heads-up.

A：アリス、お知らせしなければいけないことがあります。あいにく、ウェブサイト制作の遅延により、新たなコンサルティングサービスの展開に遅れが生じることになりました。

B：なるほど。サイトの完成予定日はいつですか？

A：開発者は完成を予定から１日遅れの９月９日だと推測しています。

B：そうですか、なるほど…。プレスリリースや他のメディアにはまだサービス開始日については発表していないのですよね？

A：はい、まだ発表していません。

B：了解です、では社内の関係者には報告しますので、状況について随時報告していただけますか？

A：承知しました。フォローアップいただきありがとうございます。

B：ヘッズアップしていただきありがとうございます。

ここに注目！

❶ **変更の必要性と変更点を伝える**
❷ **理由や背景を伝える**
　よくない知らせを伝える際に "I have some unfortunate news …" と切り出し、相手に心の準備をさせています。"I'm afraid …" のクッション言葉を添え、状況とその原因を簡潔に伝えています。

❸ **申し訳ない気持ちや感謝を伝える**
　フォローアップをしてくれたこと、そして早めに知らせをしてくれたことについて、お互いに感謝を伝えているためポジティブな印象で会話が終わっています。

07 | 締め切りの延期をお願いする

　仕事を予定通り進めていたと思っても、急な依頼が入ったり状況が急変するなどして、優先順位が前後することがあります。あるいは、進めるうちに予想外に時間がかかったり、情報を提供する人や他の部分を担当する人の仕事が遅れて自分の仕事の進捗が遅れたりすることもあります。自分で調整して間に合わせられるときもあれば、締め切りの延長を依頼せざるを得ないときもあります。仕事のクオリティーを保ち、依頼者や関係者と良好な関係のままでいるためにも、必要に応じて上手く調整や交渉をしたいところです。

　筆者も期限までに間に合わない可能性があると分かった時点で速やかに heads-up（事前に報告）し、指示を仰ぐ、対応する、manage expectations する（相手の期待値や求めるものをコントロールする）など次の段階に持っていくように心がけています。その際に、もともとの期限がフレキシブルであった、または遅れが出た場合にも対応できるよう余裕を持たせた期限であったことが判明する場合もあります。「提出後、私の方で確認作業をするための時間が必要なので、余裕を持って締め切りを設定しました」というときもあれば、「それは hard deadline（厳しい締め切り）なので延期は無理。チームの他の人に手伝ってもらいましょう」となることもあります。heads-up はその意味でも効果的ですが、適切であれば依頼を受けた時点でどれくらい厳しい期限なのかを確認するのもよいでしょう。

アプローチ▶

1. 状況（理由・背景）を説明する
2. いつまで延期すれば間に合うか（完成度の高いものを提出できるか）を伝える
3. 延期を依頼する
4. 申し訳ない気持ちや感謝を伝える

❶ 状況（理由・背景）を説明する

　要点や結論、相手に取ってほしいアクションを最初に述べ、その後に簡潔に状況や背景を説明するとよいでしょう。メールの場合は書き出しのあいさつや経緯の説明が長いと最後まで読んでもらえず、相手が本題の部分にたどり着かないこともあります。ただし、内容や相手との関係性によっては、説明から入ることもあります。状況を簡潔に説明してから依頼する方が相手としても聞き入れやすいときもあります。

　予定の急な変更にも対応できるよう余裕を持ったプラニングをするのが理想ですが、限度があります。想定外の事態やコントロールできない事情に見舞われることもあるでしょう。一方で、作業に必要な時間を見誤ったり、プラニングが甘かったりなど、対策をとって防げたり影響を最小限にできる原因の場合もあります。いずれにせよ、報告する相手には、正直に誠実に説明します。これを「③延期を依頼する」およびその他のアプローチと組み合わせます。③を先に持ってくる場合は、理由・状況・背景をその後に伝えます。

成功フレーズ ⓪⑤④

▶ I've been working on the report that you asked to have by Friday, but it's been a bit challenging to locate some of the old data.

金曜日までにとご依頼いただいたレポートを進めていますが、古いデータを探す作業で手間取っています。

▶ I understand that the deadline for the report is tomorrow, but I need a little more time to verify a few details.

レポートの提出期限は明日ですが、数カ所、詳細を確認するためにもう少し時間が必要です。

▶ I've been working on the analysis that you asked for, but I've been struggling to find some of the data. I reached out to the Hong Kong team for help, but it's the Chinese New Year and people are on holiday.

ご依頼いただいた分析の作業をしていましたが、いくつかのデータを探すのに苦労しています。香港チームに協力をお願いしましたが、旧正月で皆さんオフィスを不在にしています。

▶ I have not yet received the figures from the Finance Department that are necessary for completing the report, and I'm afraid it's slowed down the process. I've been following up with them and will try to get an update today.

レポートを完成させるために必要な数字がまだファイナンス部から届いておらず、進捗が滞っております。フォローアップを続けており、今日中に進捗状況を確認できるようにいたします。

❷ いつまで延期すれば間に合うか（完成度の高いものを提出できるか）を伝える

　完成できるまたは質の高い内容が提出できる現実的な日程を提案します。延期してほしいと伝えるだけでは、「いつなら提出できるの？」と聞かれる可能性があります。場合によっては「もともとの期限までに終わってないと困る」となる可能性もあります。これまでの状況を基にあとどのくらい時間が必要なのかを検討したことや責任感が伝わります。場合によっては現状のまま一旦提出して見てもらう、あるいはフィードバックをもらう、といった流れになるかもしれません。どこまで進んでいるかを共有できると、状況に対する依頼者の印象は変わります。「この部分をもう少し詰められたらそれでもう十分です」「このドラフトを一旦私の方で引き受けます」といった展開になるかもしれません。いずれにしても、建設的な話し合いができるようにあらかじめ準備して話を持っていきます。

成功フレーズ 055

▶ This is my progress so far. I believe I can provide the complete report by the end of the day tomorrow.

現時点での進捗はこの通りです。明日の終わりまでには完成した状態でレポートを提出できると思っています。

▶ I'd be happy to share my current draft with you, but if I can have another two days to work on it, the report will be more thorough.

現時点のドラフトを共有いたしますが、あと2日いただければ、より完成度の高いレポートになります。

▶ If you would like to take a look at what I have so far, I'd be happy to send it to you now.

現時点の状態でご覧になりたい場合はお送りできます。

▶ Considering the time needed to consolidate all the data after I receive them, I believe Friday will be more realistic.

データをまとめるために必要な時間を考えると、金曜日がより現実的だと思います。

▶ If I could have an additional day to work on this, I'd be able to verify the data and get back to you with a more detailed report.

あともう1日いただければ、データを確認してより詳細なレポートをご用意できます。

▶ An additional two days will allow me to verify the details and provide you with a more accurate report.

あと2日いただければ、詳細を確認してより正確なレポートをご用意できます。

1

ビジネスで日々直面するシーン

▶ I'd like to ask for additional time to review the entire report to make sure everything is accurate.

レポート全体を見直して正確な内容になっているか確かめるためにもう少しお時間をいただきたいです。

---

③ 延期を依頼する

リクエスト形式で延期をお願いする、あるいは延期することが可能かどうかを尋ねます。クッション言葉も添えると表現を和らげることができ、相手に心の準備をする余裕を与えることができます。他のアプローチと組み合わせるとよいでしょう。

成功フレーズ　056

▶ Is it possible to push the deadline back to next week?

期限を来週に延期することは可能ですか？

▶ Would it be possible to have another day to work on this?

この（作業をするために）あと1日いただくことは可能ですか？

▶ Would it be possible to get an extension and send this to you first thing on Monday instead of by Friday?

金曜日ではなく、月曜日の朝一まで期限を延長していただくことは可能ですか？
＊週末の間に作業して週明けに提出する日程にしたい場合などに使う表現。

▶ Would it be possible to extend the deadline until Monday?

月曜日まで期限を延長することは可能でしょうか？

▶ Could I possibly have an extension?

延期は可能でしょうか？

▷ I'd like to request a two-day extension of the deadline in order to complete the analysis.

分析を終わらせるために2日間の期限の延期をお願いしたいです。

▷ I'm afraid I need to ask for an extension to complete the report you've requested.

申し訳ないのですが、レポートの提出期限を延長できますでしょうか。

▷ I'd like to ask for another day to submit the report.

レポートの提出にあと1日いただきたいです。

▷ I'd just like to give you a heads-up that the report is taking some time to complete, and I may need to ask for an extension of the deadline.

前もってお知らせいたします。レポートをまとめるのに時間がかかっており、期限の延長をお願いしなければいけないかもしれません。

▷ Could you please let me know if an extension would be feasible?

期限の延長は可能かどうか教えていただけますか？

▷ I'd be grateful if you could agree to extend the deadline to Monday instead of Friday.

期限を金曜日から月曜日に延期していただけるととてもありがたいです。
＊「同意していただけるとありがたい」のニュアンス。

避けた方がよいフレーズ
057

Can you give me an extension?

期限を延長してくれますか？
＊ぶしつけで少々失礼な表現。

▷ Can I get it to you tomorrow?

明日まででもいい？

＊カジュアルな表現。

❹ 申し訳ない気持ちや感謝を伝える

　もともとの期限通りに完成や報告ができないこと、締め切り直前の相談や報告になってしまったことに対して、申し訳ない気持ちを示します。締め切りの延期のお願いに応じてもらえたときはもちろん、受け入れてもらえなかった場合でも、検討してもらったことに感謝の念を伝えます。進捗を知らせることで、相手の心配を軽減することもできます。英語では keep someone posted や keep someone updated（誰かに随時連絡をする、進捗を知らせる）というフレーズをよく耳にするように、相手との信頼関係のためにも重要です。

成功フレーズ 058

▷ I'm sorry for the short notice.

直前（のご連絡）で申し訳ございません。

▷ I'm sorry for the inconvenience that this will cause.

ご不便をおかけすることになり申し訳ございません。

▷ Thank you very much for the extension.

延長していただき本当にありがとうございます。

▷ I really appreciate your being flexible.

柔軟にご対応いただきありがとうございます。

▷ Thank you for your understanding.

ご理解いただき感謝いたします。

▷ I will make sure to keep you posted on my progress.

進捗について随時連絡するようにいたします。

ビジネスシーン❶

マネージャーに依頼されていたレポートの提出期限の延期を依頼する。

A：Mika
B：Catherine（マネージャー）

A：I'd like to request an extension of the deadline to submit the hiring report to you. I realize that we originally agreed on tomorrow as the deadline, but I've just received an urgent request from Mary in New York for me to get back to her with some stats first thing tomorrow morning, our time. She's speaking on a global call on Thursday and needs to collect data from all APAC offices. I need to verify a few things that you've requested but would like to spend more time reviewing the details to make sure they are accurate. Would it be possible to have another day to do this? I'm sorry to ask on such short notice.

B：Hmm, I see. I did hear that the global call was scheduled on short notice. So, in that case, yes, that's fine with me.

A：That's very helpful. Thank you for your flexibility.

A：ご依頼いただいた採用に関するレポートの提出期限ですが、延期することは可能でしょうか？　明日が期限ということでお互いに同意しておりましたが、ニューヨーク（オフィス）のメアリーから緊急の依頼があり、明日の朝一までにスタッツ（数字、統計）を送らなければいけません。木曜日のグローバルコールで発表をするため、全APACオフィスのデータが必要とのことです。キャサリンに依頼いただいた件は数カ所だけ確認が必要なのですが、もう少し時間をかけて細かい部分を見直して、内容が正確か確認したいと思います。あと１日いただいてもよいでしょうか？　直前のお願いになってしまい申し訳ございません。

B：なるほど。グローバルコールが急遽設定されたとは私も聞きました。それでは、私の方は問題ありません。

A：とても助かります。柔軟に対応してくださりありがとうございます。

ここに注目！

❸**延期を依頼する**
❶**状況（理由・背景）を説明する**
❷**いつまで延期すれば間に合うか（完成度の高いものを提出できるか）を伝える**
❹**申し訳ない気持ちや感謝を伝える**

最初に延期を依頼し、簡潔に状況と理由を説明した後に、データの正確性を十分に確認するためにあと１日時間が必要であることを伝えています。直前の依頼になったことに対する申し訳ない気持ちを伝え、キャサリンの返事の後に感謝の念も伝えています。

08 | 催促する

　依頼をする際、相手に投げて終わりにするのではなく、最後まで責任を持たないといけません。確実に相手にアクションを取ってもらい、目標を達成し、結果につなげられるように、こちらからも働きかけることが大切です。

　メールを送るときは、「（相手が）メールを見ていない」「（相手に）依頼内容が伝わっていない」「（相手が）忙しくて手をつけられていない」「（相手が）依頼を忘れてしまう」といった可能性があることを念頭におきましょう。特に緊急の案件や複雑な内容の場合は、電話やチャットなどでフォローアップするとよいでしょう。「忙しいから催促すると相手の邪魔になるかもしれない」などと催促を控えたい気持ちはとてもよく理解できます。筆者自身、「リマインダーを出したらしつこいと思われるかもしれない」「すでに分かっているかもしれない」と、催促をためらったこともありますが、リマインドの仕方次第で進み具合や結果に違いが出ることを何度も経験しました。予想とは裏腹に、催促をしつこいと思われるどころか、「（相手がメールを見落としていたため）リマインダーがありがたかった」、「期限が近いことを忘れていた」といった反応が多く、コミュニケーションも深まり仕事もスムーズに進みました。

アプローチ▶

1. 段階的にリマインダーを送る（期日の前・前日など）
2. 当初の期限・提示していた期日について述べる
3. 返事が来ていないこと・仕事が完成していないこと・報告がないことを伝える
4. 見落としている可能性があることを述べる
5. 状況をうかがう
6. 困っていることがあれば連絡してほしいと伝える

❶ 段階的にリマインダーを送る（期日の前・前日など）

　依頼した期日の直前や期日が過ぎる前に状況を把握し、相手のアクションにつながるようにフォローするのが理想的です。相手も焦って返事や作業をしなくて済みますし、こちらも進捗を心配したり作業が遅れることも防げます。「一方的に依頼を相手に投げて、『メールしたし、相手はやってくれているだろう』『分かっているだろうからリマインドは必要ないだろう』『リマインドはしつこいと思われるのでこのまま待とう』と決め込んで、結果、お互いのためにならなかった」ということは筆者自身、過去に経験しています。実際、相手がメールを見ていなかった、メールが埋もれてしまっていた、優先順位の高い他の仕事をしているなかで抜け落ちてしまっていたということがありました。

＊フレーズは主にメールの例文です。会話にも適している場合は (*s) と記しています
　(s = spoken)。

成功フレーズ
060

▶ **This is a friendly reminder that your mandatory information security training is scheduled for Thursday, July 1, at 9 a.m.**

7月1日（木）の午前9時から必須の情報セキュリティー研修が予定されていますので、リマインダーを送ります。
＊事前のリマインダーメールの文言。

▶ **Thank you for offering to help out at the charity food drive. This is a friendly reminder that the onsite preparations will start at 8:30 a.m. in the café area on the 42nd floor.**

チャリティーのフードドライブにご協力いただきまして、ありがとうございます。当日、会場での準備が42階カフェエリアにて午前8:30から開始いたしますので、どうぞよろしくお願いいたします。
＊事前のリマインダーメールの文言。
＊food drive = 家庭で余っている食品を持ち寄って、フードバンクなどを通して地域の福祉団体や施設、生活困窮者などに寄付する活動のこと。

▶ Thank you for registering for the on-site AED training session. As a reminder, the training will take place on September 1, from 9 a.m. to 10:30 a.m. Please see below for the details.

< Employee AED Training — Session 1 >
Date: September 1 (Wednesday)
Time: 9 a.m. – 10:30 a.m.
Venue: Multi-Purpose Room, East Tower 24th floor

9月1日午前9時～10時30分に開催のAEDの訓練にご登録いただきありがとうございます。リマインダーとして詳細をお送りいたします。

▶ As a reminder, all responses to the survey must be submitted no later than noon on Friday, August 6.

リマインダーですが、調査への回答はすべて8月6日（金）の正午までにご提出いただけますようお願い申し上げます。

▶ How are things going with the presentation materials? (*s)

あのプレゼン資料（の進捗）、どんな感じ？

＊カジュアルに話せる相手に軽く聞く場合。フレンドリーなニュアンスで堅苦しくなく、親しみを感じやすい。

▶ I just wanted to remind you about the due date for that presentation. [Is there anything I can help with?] (*s)

あのプレゼンの提出期限についてリマインドしますね。（何かお手伝いできることはありますか？）

❷ 当初の期限・提示していた期日について述べる

　状況を尋ねる際、あるいはリマインドをする際に期日について述べるのは自然なことです。また、期日を強調することで相手に少しプレッシャーを与えることもできます。

▶ We would appreciate it if you could meet the deadline.

期限を守っていただけますと助かります。

▶ You mentioned that you could get back to us with your feedback by Friday, September 10. It is now Monday, and since we haven't heard from you yet, we'd just like to follow up and see if you had any problems or questions.

9月10日（金）までにフィードバックをお送りいただけるとのことでしたが、月曜日となり、まだご連絡いただいていないため、フォローアップしたいと思います。もし問題や質問などございましたらお知らせください。

❸ 返事が来ていないこと・仕事が完成していないこと・報告がないことを伝える

　期限が過ぎた場合も、相手に遅れがあったとはいえ、客観性を保った表現を使います。相手との付き合いは今後も続くので、角が立って責めるような言い方は避け、できるだけ次につながり、良好な関係を継続できるようなコミュニケーションを心がけたいところです。自分にとって最優先の仕事についての依頼であっても、相手にとってはそうとは限りません。「メールの inbox（受信トレイ）は他の人の priorities（優先事項）でいっぱいになる」という表現がありますが、人によって優先順位や都合は異なります。自分にとっての優先事項や緊急案件を相手に押しつけず、できるだけ丁寧な表現で伝えることを心がけたいですね。

▶ I don't believe we have received a reply to our email [regarding the contract renewal].

（契約の更新についての）メールへの返信をいただいていないようです。
＊相手を責めないニュアンスの表現。

▷ We'd greatly appreciate it if you could take a moment to review the email below. If you have any questions, please feel free to let us know.

以下のメールをご確認いただけますと幸いです。質問などありましたら、いつでもご連絡ください。

＊「こうしていただけるとありがたいです」という丁寧な表現方法。

▷ I'm afraid that the submission is late. We would appreciate it if you could get back to us at your earliest convenience.

恐れ入りますが、提出が遅れています。早めにご提出いただけますと幸いです。

＊ you didn't submit ... のように、you（相手）にフォーカスするのではなく、「提出（が遅れていること）」という事実に関して述べることで、客観性を保った表現になっている。

▷ I'm afraid we have not received your slides for tomorrow's meeting.

明日のミーティングのためのスライドをまだ受け取っておりません。

▷ Could you please submit your slides for tomorrow's meeting?

明日のミーティングのためのスライドをお送りいただけますか？

＊リクエスト形式で相手に依頼する。

▷ Could you please see the details below and get back to us by Friday?

以下の詳細をご確認いただき、金曜日までにお返事いただけますでしょうか？

▷ This is just a reminder.

リマインドいたします。

＊ This is a friendly reminder. など、friendly が入ると表現が柔らかくなる。「ちょっとしたリマインダーです」というニュアンスになる（この後にリマインダーの内容や相手に取ってほしいアクションを述べる）。

▷ I'd just like to remind you that ...

…についてリマインドしたいと思います。

91

▶ We'd appreciate it if you could confirm the status of the invoice.

請求書の支払い状況をご確認いただけますと幸いです。

少しプレッシャーを与える表現

▶ This is a reminder that the deadline for completing the online training is tomorrow.

リマインドします。オンライントレーニングの期限は明日です。

▶ Our records show that you have not completed the online training. Please note that the deadline is tomorrow, and we would appreciate your timely completion.

オンライントレーニングが未完了との記録があります。期限が明日となっておりますので、期限内に終わらせていただきますようお願いいたします。

▶ Today is the deadline for completing the online training. Please make sure that you access your JT University page and complete the required courses by 6 p.m. today, October 1.

オンライントレーニング完了の期限は本日です。JT University のページにアクセスいただき、本日（10月1日）午後6時までに必要なコースを完了してください。

強めの表現

▶ This is a final reminder.

最後のリマインダーです。

▶ This is a reminder about the unpaid invoice. Please find a copy of the invoice attached and kindly make the payment as early as possible.

未払いの請求書についてのリマインダーです。添付の請求書をご覧いただき、早急にお支払いいただけますようお願いいたします。

▷ **We have not received your reply about ...**

…についてお返事をいただいておりません。

▷ **Could you please update us on the status of this?**

この件について最新の状況（情報）を教えていただけますか？

▷ **We would appreciate it if you could get back to us at your earliest convenience.**

早めにお返事いただけますと幸いです。

避けた方がよいフレーズ ⬤ 063

▷ **You didn't submit your slides for tomorrow's meeting.**

明日のミーティング用のスライドを提出していないですね。

　※「あなたは提出していません」と責めるニュアンス。you didn't ...（あなたは…していない）は直接的なニュアンスが強く、相手を責めているように聞こえる。

▷ **You haven't replied yet.**

（あなたは）まだ返信していない（です）。

▷ **You didn't meet the deadline.**

締め切りを守れなかったですね。

▷ **You're late.**

遅いですね。／遅刻しましたね。

❹ 見落としている可能性があることを述べる

　メールでの依頼の場合、相手が忙しくて依頼のメールを見ていない、受信トレイに埋もれてしまって確認できていない、メールは軽く見たがタイミングが悪く完全に把握できていない（移動中だった、途中で電話が来た）など、さまざまなケースがあります。内容や緊急度に合わせて適切なフォローアップが必要ですが、相手からの反応がない場合は早めにフォローアップや催促をするとよいでしょう。「もしかしたらご覧になっていないかもしれないので」「念のため」のような表現を使って、角を立てず、相手を責めることなく、やんわりと催促するアプローチもあります。

▶ **I'm resending this email in case you have not received it.**

万が一メールが届いていない場合のためにメールを再送いたします。

▶ **I'm resending this email in case you haven't had a chance to read it.**

万が一メールをお読みになれなかった場合のためにメールを再送いたします。

＊ have a chance to ... / didn't (haven't) have a chance to ... は、「〜をする機会がある／機会がなかった」の意味。フォローアップをする際に、did you ...？（〜をあなたはやりましたか？）と直接的に問うよりも口調を和らげることができる。

▶ **We would be grateful if you would give this matter your prompt attention.**

お早めにご対応いただけましたら幸いです。

▶ **We would appreciate your immediate attention to this matter.**

早めにご対応いただけますと幸いです。

避けた方がよいフレーズ

▷ **Did you see the email?**

メール、見た？

＊ぶしつけで丁寧ではない。

❺ 状況をうかがう

　状況を聞きながらフォローアップすることがリマインダーの代わりになることがあります。筆者も、⑤と⑥を組み合わせた文面のメールを受け取ると相手の気遣いを感じます。それは、こちらが（タイムリーに）依頼に対応できるように、相手が配慮しているのが分かるからです。また、角が立たないように丁寧にフォローアップしてくれていることも気遣いを感じられる理由です。「避けた方がよいフレーズ」で紹介している聞き方もありますが、「成功フレーズ」のアプローチの方が丁寧です。聞いてみたら相手がアクションをすでに取っていたという場合でも、逆に忘れていたり、まだ手をつけてない場合でも、状況を確認することができます。状況を知ることで、次に取るべきアクションやスケジュールの調整ができます。

成功フレーズ

▷ **I'd like to touch base with you about the presentation.**

プレゼンについて状況を確認したいです。

＊touch base with〈人〉/ touch base on〈事〉：状況を確認する（うかがう）ために連絡を取る、取り合うこと。

▷ **It's been a week since our meeting and I'd like to follow up on the proposal. I would appreciate any feedback, and please let me know if you have any questions.**

ミーティングから1週間経ちましたので、企画書についてフォローアップしたいと思います。フィードバックなどありましたらお知らせいただけますと幸いです。何かご質問などございましたらご連絡ください。

▶ **It seems that we haven't received a reply regarding the proposal.**

提案についてまだお返事をいただいていないようです。

＊ It seems ...（…のようです）を添えることで、「自分の主張として」というよりも「客観的な事実として」相手が遅れていることを伝えることができる。

▶ **I'd just like to follow up on this.**

この件についてフォローアップしたいと思います。

＊ I'd just like to ... は「ちょっと…したいです」のニュアンス。

▶ **I'm sorry if I missed an email from you. Could I touch base with you on the presentation materials?**

もしすでにメールをお送りいただいていたのでしたら（見落としてしまって）すみません。プレゼン資料について状況を確認してもよいですか？

＊相手を責めない聞き方。実際に自分に確認漏れがある、あるいは相手からの連絡を見落としている可能性もあるため、「お返事いただいていたらすみません」と表現している。

避けた方がよいフレーズ   067

▷ **What's the status on the report?**

レポートの状況はどう？

＊少々ぶしつけ。マネージャーがチームのメンバーに言う場合はある。

❻ 困っていることがあれば連絡してほしいと伝える

　依頼した案件について質問があるかどうかを聞くことで、さりげなくフォローアップすることもできます。何か不明な点や困っていることがあって返信できていない可能性があります。また、この質問をすることで、相手の状況を知るきっかけにもなります。

▶ Please let us know if you require more time or have any questions.

もう少しお時間が必要な場合、またご質問がある場合はお知らせください。

▶ Please feel free to let me know if you have any questions.

ご質問などございましたら、気軽にご連絡ください。

▶ If you have any questions [or concerns], please [feel free to] let me know.

ご不明な点（や気になる点）などがあれば、（気軽に）お知らせください。

▶ If you have any questions, please don't hesitate to let me/us know [at any time].

ご質問などありましたら、気軽に（いつでも）お知らせください。

> don't hesitate to ... を直訳すると「…することを躊躇しないで」の意味で、「遠慮なく…してください」のニュアンス。

シニアな人（役職が上の人）に依頼したスピーチのスライドについて社内の
カフェでリマインドする。

A：Shintaro（広報部ヴァイス・プレジデント）
B：Miranda（COO）

A：Hello, Miranda.

B：Hi, Shintaro, how're things going?

A：Very good, thank you. How about yourself?

B：Excellent. Just grabbing some coffee before my next meeting.

A：Actually, me too! By the way, thank you very much for offering your time to speak at the townhall on Wednesday.

B：Not at all. I hope a lot of people show up. It's an important topic.

A：Yes, absolutely. I'd just like to check — do you plan to use any slides during your session?

B：Ah, yes! I am planning on that. Thank you for reminding me! They're all done, so I'll have my assistant send them to you as soon as I get back to my desk.

A：That would be great. Thank you very much.

B：Sure thing! I have to run. I'll see you on Wednesday.

A：こんにちは、ミランダ。

B：こんにちは、新太郎。調子はどうですか？

A：とてもいいです。そちらはいかがですか？

B：最高です。次のミーティングの前にちょっとコーヒーを買おうと思ってきました。

A：実は私もです！　ところで、来週水曜日のタウンホールでお話しいただけるとのこと、どうもありがとうございます。

B：いえいえ、喜んで。大事なテーマですので、多くの方が出席するといいですね。

A：本当ですね。ちっと確認させていただきたいのですが、セッション中にスライドをご使用になる予定はありますか？

B：あぁ、そうでした！　使用します。思い出させてくれてありがとうございます！全部できているので、デスクに戻ったらアシスタントに送ってもらえるように頼みます。

A：ありがとうございます。助かります。

B：もちろんです！　では、行かなければいけません。では、水曜日に。

ここに注目！

❸**返事が来ていないこと・仕事が完成していないこと・報告がないことを伝える**
❺**状況をうかがう**
雑談のなかでやんわりとスライドの状況を聞いています。使うかどうかを尋ねるアプローチを取ることで、直接的にならないリマインダーになっています。直接、そのように聞いているわけではありませんが、スライドについての連絡が来ていないことが伝わるため、❸の役割も果たせています。

メールで他のチームにデータを依頼したが、期限前日になっても一切連絡がないためチャットでフォローアップする。

A：Reina
B：Matt

A：Hi, Matt. I'd just like to follow up on the hiring data that we requested by email yesterday. If you have any questions or need more time, please let me know.

B：Hi, Reina. Sorry, I may have overlooked your email. Let me check right away and get back to you.

A：お疲れさまです、マット。昨日メールでお願いした採用のレポートについてフォローアップさせてください。質問があったり、もっと時間が必要だったりしたら教えてください。

B：お疲れさま、レイナ。すみません、メールを見落としてしまったみたいです。すぐに確認して折り返します。

Bの返事のバリエーション

●Thank you for your reminder. I'll get back to you by the end of the day.

リマインダーありがとうございます。今日の終わりまでに返事します。

●Thanks for following up. Let me check and I'll let you know.

フォローアップありがとう。確認してお知らせします。

ここに注目！

⑥困っていることがあれば連絡してほしいと伝える

マットから返事がないためフォローアップしています。相手がメールは見ているが返事に時間がかかっていたり、何か困っていることがあって返事ができていない可能性を考慮して⑥のフレーズを使っています。このように、「質問があれば連絡をしてください」のひと言があるとさらに親切です。

09 | 仕事の依頼や誘いを断る

すべての依頼や誘いに yes と言うわけにはいきません。ただし、no のひと言だけでは冷たく直接的で、建設的な話し合いになりません。一方で、曖昧な表現にしてしまうと誤解や混乱を招く恐れがあり、ビジネスでは危険です。特に、日本語では角が立たないようにやんわりと「それはちょっと…」「難しいです」「検討します」などと言いますが、英語に直訳して "That's difficult." や "We'll think about it." と言うと、言葉通りに受け取られ、その裏にある意味や気遣いは伝わりません。明確にかつ丁寧に伝える必要があります。ビジネスだけでなく、プライベートでの依頼や誘いでも同じです。no と言うこと自体は問題ありません。どのように言うのかが大切です。

"When you're saying 'yes' to something, what are you saying 'no' to?"

筆者が以前いただいたアドバイスで、その後も何度かプレゼンや記事で似た言葉を見かけました。何かに yes と言うこと（引き受けること、相手に合わせることなど）は、他のことに no と言うことになります。つまり、他の仕事や自分の時間、家族との時間、睡眠や健康を犠牲にしたり、それらに注意を向けないことになります。相手の役に立ちたいという気持ちやがっかりさせたくない思いは分かります。筆者もまだ練習中ですが、no と言う勇気も必要です。

また、きちんと no と言えることで信頼が高まる場合もあります。自分のスキルやキャパシティーを理解していることが伝わるからです。引き受けてしまって結局できないと信頼にも影響します。必要なときに丁寧に no と言えるのは大切なスキルです。

"Set your boundaries."

これもメンターからいただいた今も大切にしているアドバイスです。boundary は「境界・境界線、範囲、領域、限界」の意味で、比喩的にも使われます。時間も体力も有限です。自分の時間や優先順位を守るためにも「夜や週末のメールには対応しない」「（参加が必須のときを除いて）ミーティングのすべてには出席しない」などの boundaries を設定することが大切です。

❶ クッション言葉を添えて丁寧かつ明確に断る
❷ 依頼や機会に感謝する
❸ 理由を説明する
❹ 代替案を提案する
❺ 強めに断る

❶ クッション言葉を添えて丁寧かつ明確に断る

　No や I can't とひと言、ふた言でストレートに断るのは冷たくぶしつけで失礼に当たります。その後の雰囲気も気まずくなりますし、その後の会話にも影響を与え、人間関係も次につながりにくくなります。そこで、"I'm afraid …" や "Unfortunately …" などのクッション言葉を添えて伝えると、可否を明確にしつつ、気遣いの感じられる表現になります。また、依頼に応えられないと伝えた後に、可能であれば④のように代替案を示すなど、次につながる言葉を添えるとさらによいでしょう。

成功フレーズ　　　　　　　　　　　　　　　　　071

お誘いを断る

▶ I'd like to join, but I'm afraid I have another appointment.

参加したいのですが、残念ながら他の用事があります。

▶ I'd love to attend, but unfortunately I have prior commitments.

ぜひ参加したいのですが、あいにく前から約束していたことがあるので参加できません。

＊「約束」の意味で使う場合、promise や plan よりも commitment の方がよりプロフェッショナルでフォーマルな印象。内容を具体的に言わなくて済む表現でもある。

▶ Could I take a rain check?

またの機会に誘っていただけますか？

＊ rain check ＝「別の機会に招待するという保証・申し出」の意味。本来の意味は「雨で中止
となった場合の振替券」。カジュアルな場面で使う。

▶ I'd be happy to join another time.

次回喜んで参加したいです。

＊ ランチなどの集まりの場合。join を attend に置き換えるとより「出席」のニュアンスが強
まる。

▶ Unfortunately, Thursday doesn't work for me but I could meet you on Friday. [Does that work for you?]

あいにく木曜日は都合がつかないのですが、金曜日でしたら空いています。
（ご都合いかがですか？）

▶ I'm afraid my schedule doesn't allow me to take on more work (to schedule a meeting during that time).

恐れ入りますが、今のスケジュールでは（さらに仕事を受けること／その時間
にミーティングを設定することが）できません。

▶ I'm afraid we are unable to do that because it goes beyond the scope of our services.

恐れ入りますが、それは私たちが提供するサービスの範囲外のため、できかね
ます。

▶ I'm afraid that won't be possible with this timeline.

恐れ入りますが、そのスケジュールでは不可能です。

＊ 「可能ではない」のニュアンス。impossible より少々柔らかい。

▶ I regret that we can't do that.

（それが）できないことを残念に思います。

▶ **Unfortunately, I am not able to attend the party because of prior commitments.**

残念ながら先約が入っておりパーティーに参加できません。

* can't や won't を not be able to (be unable to) と言い換えるとネガティブなニュアンスが少々軽減される。
* 前述の通り commitment は「約束やしなければいけないこと、責任など」を意味し、ビジネス向きのニュアンス。このような場面で promise は使わない。

▶ **I'm afraid I won't be available that day [during that time].**

あいにくその日（その時間）は都合がつきません。

▶ **I'm sorry, but I have a schedule conflict at that time.**

申し訳ございませんが、その時間は他の予定があります。

* schedule conflict は具体的に言わなくても他の予定があることが伝わる表現で、頻繁に使われる便利な言葉です。

▶ **I'm sorry, but that clashes with another meeting.**

すみませんが、他のミーティングとバッティングしてしまいます。

▶ **Unfortunately, I have prior commitments that day.**

あいにくその日は他の予定が入っております。

▶ **I'm afraid I'll be out of the office that day.**

申し訳ないのですが、その日はオフィスにいません。

* out of the office は「オフィスを不在にする」の意味。有給休暇や出張など、出社しない理由を具体的に言わずに伝えられる。メールでは ooo の略語を使うこともある。文中では She's out of office today. など、the を省く場合もある。

▶ **I'd love to help, but I'm afraid I have a lot of commitments right now and cannot take on more work.**

とてもお手伝いしたいのですが、あいにく現在はたくさんの仕事を抱えており、他のお仕事を引き受けられません。

* 手伝いのお願いを断るときの表現。I'd love to は少々カジュアル。I'm afraid 以下を次のように言い換えることもできる。③は少々カジュアル。

①... I have other commitments and can't take on more work.（他の約束や仕事があり、これ以上お仕事を引き受けられません）

②... my schedule doesn't allow me to take on more work.（スケジュールに余裕がなく、他のお仕事を引き受けられません）

③... I'm booked right now and can't take on more work.（いっぱいいっぱいになっていて、他のお仕事を引き受けられません）

避けた方がよいフレーズ　　　072

▷ **I can't.**

▷ **No.**
＊冷たい印象。

▷ **Sorry, but no.**
＊Sorry が文頭に付いているが、その後に but no と短くストレートに伝えているので冷たい印象になる。

❷ 依頼や機会に感謝する

　感謝の気持ちを伝えたり、招待や機会に対してポジティブなコメントで反応すると、断られた相手の受ける印象が変わります。「すてきな機会をありがとうございます」と感謝の言葉を添えるとポジティブな印象になり、相手は依頼をしてよかった、誘ってよかったと思えるでしょう。

成功フレーズ　　　073

▶ **Thank you for the great opportunity. Unfortunately, I'm unable to join because ...**
とてもよい機会をありがとうございます。残念ながら、…のため参加できません。
＊次のように順序を反対にしてもよいでしょう。
Unfortunately, I'm unable to join because [...]. But thank you for the great opportunity.
＊ポジティブで終わる方が少し前向きなニュアンスになる。

▶ **Thank you so much for the invitation.**
ご招待いただきありがとうございます。

▶ **Thank you for thinking of me for this opportunity.**

この機会のために私のことを思ってくださってありがとうございます。

▶ **Thank you for asking.**

聞いてくださりありがとうございます。

❸ 理由を説明する

　場面によりますが、簡潔に理由を説明すると相手はより受け入れやすい気持ちになります。具体的に述べる必要はありません。「どうしてもできないのです」と言い切る必要のある場面もあります。

　筆者はなかなか断ることができませんでした。せっかく聞いてくれたり頼ってくれたのに、断ったら相手が悲しんだりがっかりしたりするのではないか、迷惑をかけてしまうのではないかと思い、引き受けてしまうことが多かったのです。しかし、冒頭で紹介した言葉 "When you say 'yes' to something, you're saying 'no' to something else." に出会い、no と言うことも必要で、no と言っても人間関係や仕事にネガティブな影響があるとは限らず、逆によい結果を生む場合もあるということが分かりました。他にも、認識が変わるきっかけになった言葉があります。"You have the right to say no."（あなたには断る権利がある）と言われてからは悩みすぎることもなくなりました。

　また最初は、「誰だって忙しいのに、自分が忙しいと言ってもよいのか」などと考えてしまい、断る理由の伝え方にも悩んで消耗していました。しかし、"You're not obligated to provide a detailed explanation (reason)."（詳しく理由を説明する義務はない）というアドバイスに、理由を説明しないという選択肢があることを理解し、気持ちが軽くなりました。もし相手がそれでも理由を聞いてきた場合は、その人が失礼な場合もあるのではないでしょうか。依頼をした人は、相手を責めたり逃げ道を無くしたりするようなことをせず、依頼を引き受けてもらえるかどうかの可能性を尋ね、断る余裕を残すのが礼儀です。

成功フレーズ

▷ I'm working on several projects which I need to direct my full attention to.

複数のプロジェクトに関わっており、それらに完全に集中しなければいけません。

▷ I've actually taken on a few other requests, which have been demanding my full attention recently.

実は複数の依頼を引き受けており、そちらに集中しなければいけない状況です。

▷ I'm afraid my schedule doesn't allow me to take on new projects right now.

恐れ入りますが、スケジュールの都合により、新規のプロジェクトを引き受けることができません。

▷ I'd really like to help, but I'm working on several projects that demand my full attention this week.

とてもお手伝いしたいのですが、今複数のプロジェクトに関わっていて、今週はそれに完全に集中しなければなりません。

▷ I'm sorry, but my schedule is completely full right now.

申し訳ないのですが、今は予定がすべて埋まっています。

▷ I'm working on a couple of projects right now, which demand a lot of time and energy. If I were going to work with you on this, I'd really like to ensure that I could commit myself fully.

現在複数のプロジェクトを進めていて、多くの時間と労力を費やす必要があります。もしこの件で一緒にお仕事をする際は完全にコミットしたいと思っています。

▶ **I'm sorry, I don't feel comfortable doing that.**

申し訳ございません、（それをすることに）あまり気が進みません。

＊ not comfortable =「居心地がよくない、気が進まない、気が引ける、いい気持ちになれない」の意味。「気が進まない」は「モチベーションがない」と言う意味ではなく、何か引っかかることがあったり、進んで取り組む気持ちになれなかったりするニュアンス。

▶ **I'm sorry, but I don't think I'm a good fit for that.**

すみません、私は（それをするのに）適任ではないように思います。

▶ **I'm sorry, I just can't.**

すみません、どうしてもできないのです。

＊ 理由を述べないことに対して「話せない理由があるかもしれない」「センシティブな理由なのかもしれない」などと、背景にある気持ちや事情を察することができる表現。

▶ **I'm afraid I'm not familiar with [...] [and I may not be of much help].**

恐れ入りますが、…についてあまり詳しくありません（のであまりお力になれないかもしれません）。

▶ **I'm afraid I don't have enough experience with [...] [and I might not be able to be of much help].**

恐れ入りますが、…については十分な経験がありません（のであまりお力になれないかもしれません）。

＊ （）内のようなひと言をプラスすると「手伝いたい気持ちはあるが残念ながら十分に力になれない」というニュアンスが伝わる。

＊ 上記２つの表現は自信がなくマイナスな印象になる可能性もあります。ただし、相手ができると思って聞いてきたものの、そのスキルや知識を十分に持ち合わせてない場合や、他の人の方がより適任だと感じることもあるでしょう。その際は、次の機会につなげるために④のフレーズを検討してみてください。

❹ 代替案を提案する

　断っても他の案を提示すれば、依頼者が助かるだけでなく、人間関係も次につながります。たとえば、依頼を受けて断らなければいけない場合に、依頼者がこれまで知らなかった情報やアクセスできていなかったリソース（人物、サービス、資料など）を紹介することで、相手は仕事を進めやすくなります。そのときは上手くいかなくても別の機会や他の形で実現することができます。代替案を提案すれば、断って終わりにならずポジティブな着地点を見出すことができ、話を次に進めることができます。

成功フレーズ　　　075

▶ **However, I'd be happy to refer you to someone else who might be able to help.**

ですが、喜んで他にお力になれそうな人を紹介します。
＊①の断りの表現につなげて However ... や But ... と続ける。

▶ **If you'd like me to, I'd be happy to ask around to see who might be available.**

もしよろしければ他に（できる・可能な）人がいないか聞いてみます。
＊I'd be happy to ... =「喜んで…する」のニュアンス。

▶ **I'd be happy to find someone else who can help.**

他にお手伝いできる人を探してみます。

▶ **I'd be more than happy to help another time.**

ぜひ他の機会にお手伝いできればうれしいです。
＊more than happy to ... は「とてもよろこんで…する」のニュアンス。

▶ **I'll let you know if I'm able to finish [the projects] early and can help you.**

もし早めに（プロジェクトが）終わってお手伝いできるようでしたらお知らせします。

▶ **May I suggest next Tuesday?**

来週火曜日はいかがですか？

＊都合がつかないときに。

▶ **Would you be free next Tuesday instead?**

代わりに次の火曜日はいかがですか？

▶ **Would next Tuesday at 3 p.m. work for you?**

次の火曜日の午後3時のご都合はいかがですか？

▶ **Would it be possible to save the opportunity for the future?**

機会をまた今後いただくことは可能でしょうか？

❺ 強めに断る

　相手から何度もお願いされたりプレッシャーをかけられたりしたときに、そして代替案や別の機会を提示されるのを防ぐために、強めに断らなければいけないときもあるでしょう。断った後に感謝の言葉を添えて会話を切り上げるアプローチを取ると、ポジティブに終えられるだけでなく、その後長々と話が続くことを防ぐ効果があります。

成功フレーズ　　　076

▶ **I'm sorry I won't be able to help this time. But thank you for asking.**

今回はお手伝いできなくて申し訳ありません。でも聞いてくださりありがとうございます。

＊ Thank you for asking は、「依頼してくれて（私に手伝う機会をくれて・依頼に応えられると期待や信頼を寄せてくれて）ありがとう」のニュアンス。

▶ **I'm sorry, I can't. Thank you for asking.**

すみません、できないのです。聞いてくれてありがとうございます。

▶ I'm afraid I can't. But thank you for thinking of me for the opportunity.

すみませんが、できません。この（機会の）ために私のことを考えてくださり
ありがとうございます。

▶ I'm sorry I can't help, but I appreciate your thinking of me.

お力になれなくて申し訳ないのですが、私のことを（お手伝いする機会のため
に）考えてくれて感謝しています。

▶ I'm afraid I can't, but I appreciate your trust in my ability to take on that opportunity.

あいにくできないのですが、私がその仕事ができる能力があると信じてくださ
り（機会にふさわしいと思っていただき）感謝しています。

▶ I'm afraid I'll have to come in on weekends if I take on the additional work.

恐れ入りますが、これ以上の仕事を引き受ける場合は週末も出社しなければい
けなくなります。

※週末の勤務や残業が好ましくないとされる仕事環境の場合に。

ビジネスシーン❶

企画案を提案された。内容は魅力的だが、予算の関係で新企画を受けつけていないという内部の事情があり、断らなければいけない。

A：Natsumi Watanabe
B：Thomas Klein（ベンダー）

A：Mr. Klein, thank you again for the submission of your proposal.

B：Thank you for considering it.

A：We reviewed it with great interest, and we found many of your ideas stimulating and innovative. Unfortunately, we are not considering new projects at this time, so we won't be able to proceed with your proposal.

B：I see.

A：We regret that we had to come to this decision. Please know that your proposal has appeal, and this decision is due to internal conditions that are irrelevant to the appeal of your proposal. I really believe that other companies will also take interest.

B：I understand. Thank you for the encouraging words.

A：I appreciate your interest in working with us and wish you success in finding a suitable company for your initiative. I sincerely hope that we have the opportunity to work together in the future.

A：クライン様、この度は企画書をご提出いただき、ありがとうございます。

B：ご検討いただきありがとうございます。

A：とても興味深く拝見し、案の多くが刺激的で斬新だと思いました。残念ながら、現在は新規プロジェクトを検討する状況ではなく、企画を進めることができません。

Ｂ： そうなのですね。

Ａ： このような決定となり申し訳ございません。クライン様のご提案は魅力的です
し、この決断は企画書の内容とは関係のない弊社の事情であることをご理解いた
だけますと幸いです。また、他社が興味を示すはずです。

Ｂ： 分かりました。励みになるお言葉をありがとうございます。

Ａ： 私たちと仕事をすることに興味を持っていただき感謝しております。ふさわしい
会社とこの企画を実現できることを祈っています。そして今後、お仕事でご一緒
する機会が訪れることを心から願っています。

ここに注目！

❶ **クッション言葉を添えて丁寧かつ明確に断る**
❷ **依頼や機会に感謝する**
❸ **理由を説明する**

断った理由を会社の都合だと述べるとともに、企画が魅力的だということを伝
え、他社と上手くいくように願うなど、ポジティブで励みになることを述べて
います。終始丁寧で、今後一緒に仕事できればとも言っており、今回だけの関
係にはならないことを感じさせる伝え方になっています。

ビジネスシーン ❷

同僚からサポートを依頼される。いつも手を貸してくれる相手で、手伝いたい気持ちでいっぱいだが、抱えている業務が多くて余裕がないため断らなければいけない。

A：Misa
B：Josh（香港チームの同僚）

B：Hi, Misa. I was wondering if you'd be able to help set up mentor-mentee meetings for the new grads.

A：Hi, Josh. I'd love to help, but actually I'm in the middle of something right now. Is this something that I can help with later?

B：Oh, I see. Actually, we need to get these set up and send invitations to everyone by the end of the day.

A：I see. Is it OK if I ask Amy for support? I believe she'll be available to help out today. I'd be happy to ask her.

B：That would be great. Could you do that for me?

A：Sure, I'll check and get back to you.

B：Thank you so much.

B：お疲れさま、ミサ。新卒の社員たちのメンター・メンティーのミーティングのセットアップを手伝ってもらえないかと思っていたのですが、お願いしても大丈夫ですか？

A：お疲れさま、ジョシュ。お手伝いしたいのだけど、実はちょっと手が離せない状況なんです。後でも大丈夫ですか？

B：なるほど、そうなんですね。実は全部今日中にセットアップして（カレンダーの）インビテーションを送らないといけないんです。

A：なるほど…エイミーにサポートをお願いしてもいいですか？　彼女は今日手伝えると思います。よかったら聞いてみますが。

B：それは助かります！　聞いてもらってもいいですか？

Ａ：もちろん。聞いて折り返しますね。

Ｂ：本当にありがとう。

ここに注目！

❶ **クッション言葉を添えて丁寧かつ明確に断る**
❷ **依頼や機会に感謝する**
❸ **理由を説明する**
❹ **代替案を提案する**

　手伝いたい気持ちはあるけれど仕事の状況が理由で手伝えないことを、クッション言葉を用いて説明しています。また、断った後もそのままで終わらせず、代替案も提示し、結果ジョシュの役に立つことができました。

10 | よくない知らせを伝える

都合の悪いことを相手に伝えなければいけない場面もあります。「この言い方をすれば上手くいく」というようなことではなく、どのような相手や状況にも対応可能なオールマイティーな表現もありません。タイミング、場所、相手の機嫌なども考慮しなければいけません。この場面で紹介するヒントや表現を参考にしてください。

Tip（ヒント）として言えるのは、話すときに雑談で始めずに速やかに本題に入ることです。後回しにすると、よくない話を切り出すタイミングや気持ちの切り替えが難しくなります。また、「話があります」と予告していた場合、相手は「いつ本題に入るのか」「どのような話なのか」と、落ち着かない気持ちであなたが本題に入るのを待つことになります。話の後に相手のアクションが必要になる場合は、その「雑談」が時間というコストになる可能性もあるので速やかに本題に入りましょう。

場面09「仕事の依頼や誘いを断る」(p. 101) と場面12「謝罪する」(p. 146) も参照してください。

アプローチ▶

1 クッション言葉を使う
2 理由や背景を簡潔にロジカルに伝える
3 謝罪や残念な気持ちを伝える
4 できるだけサポートしたいと思っていると伝える
5 次につながる言葉をかける

❶ クッション言葉を使う

　文頭に添えて、その後に続くよくないお知らせの衝撃を和らげる言葉です。文字通り、伝える内容をクッションで覆うイメージです。ひと言だけでなく、いくつかの言葉を組み合わせて表現する場合もあります。クッション言葉を聞いた時点で、相手は「この後に何かよくない知らせが来るんだな」と察することもできます。心の準備をする余裕を与えてから伝える気配りです。

> **Tip** 幅広く使えるクッション言葉の例

◆ Unfortunately, ...
　残念ですが…／あいにく…

◆ I'm afraid [that] ...
　恐れ入りますが… ／申し訳ありませんが…

◆ I'm sorry to tell you that ...
　このようにお伝えするのは心苦しいのですが…

◆ I regret [to inform you] that ...
　残念ですが…

成功フレーズ　　079

▶ **Unfortunately, we have decided not to proceed with your application.**
　残念ですが、応募を見送らせていただくことになりました。
　＊採用などへの申し込みに。

▶ **Unfortunately, your request for a short-term assignment has been rejected by senior management.**
　残念ですが、（海外オフィスや他部署への）短期アサインメントのリクエストはシニアマネジメントの承認を得られませんでした（却下されました）。

▶ **I'm afraid we have not been able to identify the cause of the error.**
　あいにく、エラーの原因を特定することができておりません。

▶ I'm very sorry to tell you that they have decided not to proceed with your proposal.

大変申し訳ないのですが、ご提案いただいた企画を見送らせていただくことになりました。

▶ I regret that we are unable to do anything beyond this point.

残念ですが、これ以上私たちにできることは何もありません。

▶ I regret to inform you that Chris has decided to leave the firm.

残念ではありますが、クリスが退職することとなりました。

▶ I have some unfortunate news to share with you. I'm sorry to tell you that the event has been canceled due to budget reasons.

残念なお知らせがあります。予算の状況によりイベントが中止となりました。

▶ I'm afraid we won't be able to proceed with the project due to lack of resources.

残念ではありますが、リソース不足の影響でプロジェクトをこれ以上進めることができなくなりました。

▶ I'm sorry to have to say this, but we've been informed that Mike Spencer has announced his resignation.

このことをお伝えするのは心苦しいのですが、マイク・スペンサーが辞任を表明したとの報告がありました。

▶ I'm afraid I have some bad news.

あいにく、よくないお知らせがあります。

▶ I'm sorry to tell you that ...

このことをお知らせするのは申し訳ないのですが…。

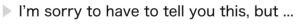

▷ I'm sorry to have to tell you this, but ...

このことをお伝えしなければいけないのは心苦しいのですが…。

避けた方がよいフレーズ

080

▷ We can't do that.

できません。
＊ストレートで冷たく、次につながらない。

▷ There is a problem with your proposal.

あなたの企画書（提案）に問題がありました。
＊ストレートで責めているニュアンス。

▷ It's difficult.

難しいです。
＊曖昧で、できるのかできないのか、何が言いたいのかが伝わらない。

▷ That's impossible.

無理です、不可能です。
＊ストレートすぎる。

ビジネスで日々直面するシーン

1

　相手にとって好ましくない状況・展開になってしまった理由や背景を説明すると、理解しやすい説明になり、受け入れてもらいやすくなります。相手への影響やアクションの必要性などを分かりやすく述べて、相手から受けそうな質問を想定して、その答えになる情報を説明に入れます。相手にとって参考になるだけでなく、こちらから情報を積極的に共有している姿勢が感じられて、誠実性が伝わります。

　「言い訳に聞こえるのでは」「責任逃れに聞こえるのでは」と思う方もいるかもしれませんが、英語圏（特にアメリカ文化）では「説明なし」では説明不十分です。相手は理由を知りたいでしょうし、こちらから理由を述べたり、申し訳ない気持ちを示したりすることを期待するでしょう。

　気をつけたいのは、簡潔さと客観性が損なわれることです。不必要な情報や詳細を伝えると、意図を勘ちがいされたり、相手の理解の妨げになったりします。反応がないと焦ってたくさん話してしまい、つい主観的なコメントも入れてしまいそうですが、事実に基づいた簡潔なメッセージを心がけます。

成功フレーズ

081

▶ **I'm afraid we are unable to do that because it goes beyond the scope of our services.**
恐れ入りますが、提供するサービス（業務）の範囲外なので、できかねます。

▶ **I'm afraid that won't be possible with the current schedule.**
恐れ入りますが、現在のスケジュールでは不可能です。

▶ **I regret that we just can't do that.**
残念ですが、それはどうしてもできません（できないことを残念に思います）。

▶ **I'm afraid it goes against our firm's policies.**
恐れ入りますが、それは弊社のポリシーに反することです。

▶ I'm afraid we can't do that because of firm policy.

あいにく弊社のポリシーによって、それはできません。

▶ We have to follow guidelines.

ガイドラインに従わなければいけません。

＊少し強めのニュアンス。

▶ Upon investigation, we found that there was some missing information.

調査した結果、情報が不足していたことが判明いたしました。

▶ Unfortunately, there were some problems with the data that we presented.

残念ながら提示したデータに誤り（問題）がありました。

③ 謝罪や残念な気持ちを伝える

　もしこちらに原因がある、または相手にダメージを負わせてしまったなどの場合は謝罪します。謝罪のステップと表現については p. 146 をご覧ください。それとは別に、状況に対して残念な気持ちを述べたりすることもあります。その意味でも sorry を使うことがありますので、以下を参考にしてください。

成功フレーズ　082

▶ I'm really sorry that this happened.

このことが起きてしまい本当に残念に思います。

▶ I'm sorry that I was unable to be of more help [in this situation].

これ以上お力になれなくて申し訳なく思います。

＊「力になれなくてごめんなさい」「力になれなくて悔しいです」という気持ちが伝わる。

❹ できるだけサポートしたいと思っていると伝える

　相手の反応に耳を傾けて、それを受け止めます。そのうえで「可能な範囲でできることをしたい」、「相手を理解している」といった気持ちを伝えます。③で謝罪の必要がある場合は解決策や対策を取る旨を伝えますが、それ以外のケースでは（適切であれば）、相手の力やサポートになることをしたいと伝えて、励みになる言葉を添えます。

▶ I can see that this is upsetting. I'm really sorry.
　これは本当に残念なことですね。本当に残念です。

▶ I understand that this meant a lot to you.
　あなたにとって大事な（大きな意味のある）ことでしたよね。

▶ I realize that this impacts you (your work/your career/your business) significantly.
　あなた（のお仕事／キャリア／ビジネス）に大きな影響（打撃）があると理解しています。

▶ Please let me know if I can be of any help.
　何かお力になれることがありましたらお知らせください。

▶ Please don't hesitate to reach out if I can help in any way.
　何かお力になれることがありましたら遠慮なくご連絡ください。

❺ 次につながる言葉をかける

　解決策のヒントなど、相手が先を見て前進できるような言葉をかけます。

成功フレーズ ⟨084⟩

▶ **Would [...] work for you?**

…（をする）のはどうですか？

▶ **Would you consider ...?**

…はいかがですか？
＊「検討するのはどうですか？」のニュアンス。

▶ **What do you think of ...?**

…はいかがですか？

▶ **Do you think [...] would be helpful?**

…があると（すると）よいと思いますか？
＊「これで改善につながったり、役に立つと思いますか」のニュアンス。

▶ **Is it possible to [...] instead?**

代わりに…するのはいかがですか（可能ですか）？

避けた方がよいフレーズ ⟨085⟩

▷ **Everything will be OK.**

すべて大丈夫ですよ、上手くいきますよ。
＊「すべて」とは断言しにくく、無責任で空約束に聞こえる可能性がある。

▷ **Things will work out.**

上手くいきますよ。
＊無責任に聞こえる可能性がある。

▷ **Why don't you ...?**

…すれば？
＊ぶしつけで一方的。

▷ **Won't you ...?**

…しないの？
＊少し責めているニュアンスに聞こえる。

ビジネスシーン❶

進行中の企画が中止になったことをチームに伝える。

A：Miranda (マネージャー)
B：Jonathan (プロジェクトリーダー)

A：Hi team. I'm afraid I've got some bad news. Unfortunately, we need to suspend our project in light of the current state of the market. The senior management committee will make a formal announcement on Friday. I realize we were somewhat anticipating this, but it's still disappointing, and I'm sorry to have to deliver this unfortunate news to you.

B：Thank you, Miranda. Team, Miranda gave me a heads-up about this earlier this morning. We're already discussing next steps and will share those with you as soon as things are more concrete. We can leverage much of what we have already done and implement cost-efficient strategies to work out an alternative plan.

A：Absolutely. Thank you, Jonathan. I'm proud of all the work you've done. I assure you it won't go to waste. Please keep it up the great work.

A：チームの皆さん、お疲れさまです。残念ながらよくないお知らせがあります。あいにく、現在のマーケットの状況を鑑み、プロジェクトを中止にすることになりました。金曜日にシニアマネジメントが正式な発表をします。予想はしていましたが、それでも残念ですし、このようなお知らせをしなければいけないことを申し訳なく思います。

B：ありがとうございます、ミランダ。皆さん、今朝ミランダからこの件についてヘッズアップ（前もって報告）がありました。すでに次のステップについて話し合っており、具体的なことが分かり次第皆さんに共有いたします。すでに進めてきたものを上手く活用し、費用対効果が高い戦略に沿って代替案を実行することができるはずです。

A：おっしゃる通りです。ありがとうございます、ジョナサン。皆さんの仕事を誇りに思っています。それは決して無駄にならないことを約束します。これからも素晴らしいお仕事を続けていてくださいね。

ここに注目！

❶ クッション言葉を使う
❷ 理由や背景を簡潔にロジカルに伝える
❸ 謝罪や残念な気持ちを伝える
❺ 次につながる言葉をかける

"I'm afraid …" や "Unfortunately …" のクッション言葉を取り入れて残念なニュースを伝えています。市場の状況が厳しいのは共通認識だったことがうかがえます。残念な気持ちを共有し、チームに寄り添う雰囲気が伝わってきます。プロジェクトリーダーも前を向いて今後について話し合っていると述べて、チームのモチベーションにつながる話をしています。最後にマネージャーがチームの貢献ぶりに感謝し、励ます言葉で締めくくっています。

候補者に採用の知らせを伝える予定であったが、面接官から反対意見が出たため 伝えるのは待ってほしいと担当者に伝える。

A：Amita　（採用権を持つマネージャー）
B：Seina　（部門のリクルーティングを担当するチームのリーダー)

A : There's no easy way to say this, but we'd like to ask you to hold off on communicating the offer to the finalist. One of our interviewers expressed concern about the candidate's lack of leadership experience and asked that we reexamine the other finalists. I'm so sorry to tell you on such short notice.

B : I see. Thank you for bringing that up. We want everyone to be comfortable with the final decision. We'll schedule additional interviews for you and two or three other managers with the two finalists.

A : Thank you for your understanding and for following up with that. We really appreciate all your efforts. Please let me know if I can help with the scheduling.

A : 大変言いづらいことなのですが、最終面接の候補者にオファーを出すのを一旦保留にしていただきたいです。面接官の一人がこの候補者について、リーダーシップの経験に欠けていると懸念を示しており、他の最終候補者をもう一度検討するようにと言っております。オファーコミュニケーションをする予定だったのに、直前の急なお知らせとなり、申し訳ないです。

B : そうですか、お知らせいただきありがとうございます。最終決定は皆さんが納得するものにしたいと思っています。それでは、アミータと他に2、3名のマネージャーとの追加の面接を設定します。

A : ご理解とフォローアップをありがとうございます。セイナの努力と仕事ぶりに本当に感謝しています。面接の日程調整で何かお手伝いできることがあればお知らせください。

ここに注目！

❶ **クッション言葉を使う**
❷ **理由や背景を簡潔にロジカルに伝える**
❸ **謝罪や残念な気持ちを伝える**
❹ **できるだけサポートしたいと思っていると伝える**

オファーコミュニケーションの直前に保留になったことを申し訳なく思う気持ちを伝え、理解と協力に感謝しています。理由も分かりやすくロジカルに伝えていて理解しやすい説明になっています。さらに、面接の日程調整に協力したいことも述べており、サポートしたい姿勢が伝わります。

11 反対意見を述べる／反論する

　日本では反対意見や議論になるような意見はあまり歓迎されない傾向があります。和を乱すような発言や、目上の人や周りと異なる意見や、決定を覆すような意見・質問は敬遠されるため、場の空気を読んで意図を察することが求められます。一方で、英語圏ではさまざまな意見が歓迎され、ミーティングや会話に貢献する一つの方法と捉えられています。

　Agree to disagree（反対の意見を持つことに賛成する）という考え方があります。異なる考え方や意見を持つことをお互いに認めて思考の多様性を受け入れる姿勢の大切さを表しています。どちらが正しくてどちらが議論に勝ったかではなく、自分の意見を持ちながらも他の人の意見を受け入れることを大事する姿勢です。多様な考え方があるからこそ新たな発想が出てきたり改善点を見つけられ、アイディアが生まれます。

　誰でも自分なりの意見を持つ資格があり、それを述べることは悪いことではなく、話し合いに貢献できる価値のある行動だという考え方を意識して、発信してみてください。一方的になったり、直接的でぶっきらぼうになったり、相手の逃げ場がなくなるように追い詰めたりしないよう伝え方には注意します。

　ときに意見交換がヒートアップしたり、相手が少々挑戦的で挑発的な発言や話し方をすることもあるかもしれません。そのようなときも冷静で diplomatic に対応し、建設的に話を進めたいものです。平和的な意見交換から少々気まずい場面まで、反対意見を述べながらも大人の対応をするためのヒントを紹介します。

アプローチ ▶

1. 反応する
2. 相手を理解しようとする
3. 相手の意見を受け入れ、自分の意見を述べる
4. 反対の度合い・自信の度合い別に意見を述べる
5. 事実を基に冷静に論理的に説明する
6. 反対意見を述べた後、相手にも意見を述べる余裕を与える

1 反応する

　自分とは異なる意見や主張を言われたとき、反射的に反論すると感情的になってしまうこともあります。

　強く反対したいときや、相手の意見を受け入れられないと感じるときもあるでしょう。相手や状況に合わせる必要はありますが、驚きや疑問を少し示して対応する方法もあります。

　また、受け止める姿勢がポイントです。相手の考えに反対であっても、信じがたい考え方だと思っても、すぐに否定や反論はせずまずは一旦受け止めることです。相手に理解を示した方が続きの説明や詳しいことを相手から引き出せます。

　Agree to disagree の精神を思い出してみてください。また、相手の反応や考えはコントロールできませんが、自分の反応や感情の出し方はコントロールできます。こうした場で実践できると、話や議論が建設的に進みやすくなるのではないでしょうか。

　続けて②のアプローチを取ると、意見の相違があっても、相手の考え方を理解することができ、相手がその考えに至った理由を掘り下げることができます。

▶ **I see.**

なるほど。
＊丁寧でさまざまな場面で使える。あいづちにもなる。

▶ **That's interesting.**

そうなのですね、興味深いですね。
＊文脈や声のトーンによっては、ときに皮肉に聞こえる。

▶ **I hadn't thought of that.**

それは思いつきませんでした。
＊「その考え方はしたことがなかった」と文字通りの意味でも使えるが、自分とは異なる意見
だったとやんわりと伝えることもできる。

▶ **I'm not [so] sure about that.**

それはどうか私にはよく分かりません／それはどうでしょうか。

Tip　devil's advocate 悪魔の代弁者）の技

　議論を活発にするためにわざと反対意見を述べることです。あえて異論や反論を言
うことで検討や解決すべき点に気づくきっかけを提供し、建設的な話し合いに発展さ
せることが目的です（「わざと述べる意見」が発信者の真意ではない場合もあります）。
由来はローマカトリックの列聖調査審問検事（聖者の候補者について、生涯の事跡、
人格について調査・論告すること）です。以下はミーティングで使われる前置き表現
です。

◆ **Let me play devil's advocate ...**
あえて異論を言いますが…。

◆ **Let me play devil's advocate for a minute.**
ちょっとあえて異論を言わせてください。

◆ **I may be playing the devil's advocate, but ...**
「悪魔の代弁者」になるようですが（反対意見を言うことになりますが）…。

避けた方がよいフレーズ

▷ **I don't understand.**

理解できません。

＊少々冷たく、突き放す感じになる。

▷ **I don't get it.**

理解できません。

＊冷たく、相手を理解できないというニュアンスにも聞こえる。

▷ **You're wrong.**

あなたは間違っています。

＊You を主語に使っていて、相手を直接的に責めているニュアンスに聞こえる。

❷ 相手を理解しようとする

具体例や詳細を尋ね、その意見や発言に至った理由や背景を理解します。感情的に反応するのではなく、理解しようとしている姿勢を示しましょう。なるべく open-ended な質問で表現すると、相手は幅広い答え方ができ、こちらとしてはより多くの情報や考え方が引き出せます。答えを聞き出した結果、意見は反対のままでも問題なく、それは自然なことです。Agree to disagree の精神で、反対意見を持つこと自体に同意するのです。

成功フレーズ

▶ **Could (Can) you tell me more about ...?**

…についてもう少し教えていただけますか？

▶ **Can you give me an example?**

例を挙げていただけますか？

▶ **Could you explain why you think that?**

どうしてそのように思われるのか説明をしていただけますか？

▶ **Could you tell me why you think that way?**

どうしてそのように思われるのか教えていただけますか？

▶ **I see, that's interesting. Could you elaborate?**

なるほど、それは興味深いですね。もう少し詳しく教えていただけますか？

▶ **I see. So you're saying that [...], is that right?**

なるほど、では…ということですね。（それで合っていますか？）

▶ **Let me make sure that I'm understanding this correctly. Are you saying that ...?**

正しく理解しているか確認したいです。…とおっしゃっているのですね？

▶ **I might not be understanding this correctly. Could you clarify what you mean by ...?**

正しく理解していないかもしれません。…はどういう意味か説明していただけますか？

▶ **I don't quite understand what you mean. Could you give me an example?**

おっしゃっていることをあまり理解できていないようです。例を挙げていただけますか？

▶ **Are you sure about that?**

それは確実ですか／本当ですか？

＊少々疑問に思う発言や意見に対して。噂話や事実に基づかない情報を聞いたときなどにも使える。

避けた方がよいフレーズ

▷ **How could you think that?**

どうしてそのように思えるの？

＊責めるニュアンスで、相手の考え方や「個人」を否定しているように聞こえる。

▷ Why?

なぜ？　どうして？
＊少々責めているように聞こえる。

Why? について

以前、仕事でご一緒した人がよく Why? と質問してきたことがあり、印象に残っています。発言や説明の最中に Why? と言って質問を挟んできたのです。最初は「こちらの言ったことが気に入らないのかな」と私は気にしていました。しかし、コミュニケーションを重ねていくと、雑談のときも同じように聞いてくることが分かりました。その人にとって Why? は、こちらへのネガティブな感情はなく、純粋に「興味がある」「もっと理解したい」「会話を広げたい」と思っていることに気がつきました。

これは、話者交代や間合いに対する考え方の違いも関連していると考えられます。日本語話者は自分が発言する番だというシグナルが出るのを待ってから話す傾向がありますが、英語話者は少しの間合いにも反応し、質問やコメントを挟み、話の流れを進めたり広げたりします。

アメリカの学校の教室では日本に比べ2倍近く Why? の質問が出るという研究を以前読んだことがあります。背景には、英語を母語とする人は幼少の頃から因果関係（原因・理由と結果）を考えるように育つ一方、日本ではその習慣がないという違いがあり、Why? と聞く頻度が比較的低いとのことでした。こうした教育の違いも関係しているのかもしれません。

ただし、こうした育った環境や言語の違いを考慮に入れても、「どうして？　なぜ？」と問われると、少し責められていると感じたり、挑戦的に聞こえたり、何か意味があるのではないかと感じてしまうかもしれません。もちろん、声のトーンもその言葉の聞こえ方と意図の感じ取り方に大きく影響します。相手がどう受け取るかはコントロールできないため、意図と異なる受け取り方をされる可能性のある表現はできるだけ避けた方が無難です。

1

ビジネスで日々直面するシーン

❸ 相手の意見を受け入れ、自分の意見を述べる

　相手の意見を受け止め、理解できる部分があれば共感と理解を示した後に、自分の意見を述べます。筆者は「"Yes, but …" ではなく、"Yes, and …" と言う」というアドバイスをいただいたことがあります。意見を共有する場で、「はい／そうですね (yes)、…に同意します。しかし (but)、…については違う意見です。」ではなく、「はい／そうですね (yes)、…に同意します。そして (and)、…については違う見方をしています。」と言うというもので、幅広く応用できるアプローチです。前者だと、最初は賛成して相手の意見を受け入れる姿勢を示していたのに、but のひと言でそれを否定して取り消してしまうことになり、少し厳しくてきつい印象にもなります。一方で後者は、表現を調整することにもなり、自然とポジティブで inclusive なニュアンス（排他的ではない柔らかい物言い）になります。

I agree with you about X, but we seem to see Y a bit differently.
Xには賛成ですが、Yについては考え方が少し違うようです。
↓
I agree with you about X, and we seem to see Y a bit differently.
Xに賛成です。そして、Yについては考え方が少し違うようです。

　他にも、理解を示しながら意見を述べる表現や、相手に他の考え方を検討してみるよう提案するための表現を紹介します。

成功フレーズ　092

▶ I understand what you're saying.
おっしゃっていることは理解しています／よく分かります。

▶ I understand what you mean by X. Regarding Y, would you consider …?
X について理解できます。Yについては、…のように考えてみるのはいかがですか？

▶ **I understand what you mean by X. Regarding Y, I believe that ...**

X についてよく分かります。Yについては…だと思います。

▶ **I understand what you're saying. May I suggest that we look at this from another perspective?**

おっしゃっていることは分かります。他の視点から見てみることを提案してもいいでしょうか？

▶ **I agree with you on X. Would you consider Y?**

Xについて同意です。Yはいかがですか（検討することは可能ですか）？

▶ **I certainly understand your point, and I'm wondering if you're open to thinking about ...**

その点についてよく理解できます。…について考えてみることは可能ですか？

▶ **I understand how you see it, but I see it differently.**

あなたの見方はよく分かりますが、私は違う見方をしています。

▶ **I guess we'll have to agree to disagree for now.**

今のところは反対意見を持っていると認めることにしましょう（意見の相違があることを受け入れることにしましょうか）。

❹ 反対の度合い・自信の度合い別に意見を述べる

　意見を述べるとき、その都度 "I think ..." と言うと少々弱く、インパクトにも説得力にも欠けます。自信や確信の度合い、反対や主張の強弱に合わせて表現をカスタマイズすると、伝わり方とその後の話の展開の仕方も変わります。また、you を使うと責めるニュアンスになる場合がありますが、I を使う、あるいは意見そのものに対して述べて客観性を保つと、反対意見でも表現が和らぎます。

▶ **I'm not sure I agree.**

あまりそうは思いません。

▶ **I'm not sure that I agree with that.**

それについては賛成できないかもしれません。

▶ **I'm afraid I have to disagree.**

恐れ入りますが、反対の意見です。

▶ **I disagree with that view (conclusion).**

その意見（結論）には反対です。

＊I disagree with you. は直接的で相手を攻撃しているニュアンスなので、「you (= 相手)」
　ではなく「その意見や結論」にフォーカスする。

▶ **With all due respect, I'm not sure that will work out.**

失礼ながら、それが上手くいくかどうかは分からないと思います。

＊With all due respect =「恐れながら、失礼ながら、恐れ入りますが」の意味。異なる意見
　を述べる際、丁寧でフォーマルなニュアンスになる。

▶ **I don't entirely agree with your point regarding ...**

…の点については完全には同意しません。

▶ **We seem to have a different opinion regarding ...**

…については意見が異なるようです。

▶ **I see it from a different perspective.**

私は違う見方をしています。

▶ **To be honest, I see things a bit differently.**

正直に言いますと、私は違う見方をしています。

▶ **Another way to look at it is ...**

別の見方としては…があります。

▶ I believe there are more ways to look at that.

他にも見方があるように思います。

▶ I think there is a different way to look at this.

他の見方もあるように思います。

＊異なる見方を検討するよう提案する形の表現。

▶ If we look at this from another angle, ...

これを別の角度から見ますと…。

▶ To look at it from a different point of view, ...

他の視点から見ますと…。

▶ I appreciate what you are saying. From my point of view ...

おっしゃっていることは分かります。私が思うのは…。

＊この場合 appreciate は「感謝」ではなく、「（相手が言っていること・意見）を理解している、受け入れる、認める、評価する」の意味。「よく分かります」「よく理解しています」のように使う。

▶ I understand your point. That's one way to look at this, but I believe that ...

おっしゃっていることはよく分かります。確かにそういう見方もありますが、私が思うのは…。

▶ You have a good point, but I think there's another side.

それはよい点ですが、別の面（考え方）もあるように思います。

▶ I understand that X may be a concern. However, if we consider Y ...

Xについて懸念があるかと思います。しかし、Yを考慮すると…。

言い出しの表現を調整すると、（意見に対する）自信や確信の度合いを表現できます。

◆ I strongly believe that this is the best strategy.
この戦略が一番よいと強く確信しています。

◆ I firmly believe that this is the best possible strategy.
この戦略が一番現実的だと確信しています。

◆ I feel confident that ...
…だと確信があります。

◆ I'm convinced that ...
…だと確信しています。

◆ I believe that ...
…だと思います。

◆ In my opinion, ...
私の意見では…。

◆ I feel that ...
…だと感じています。

◆ I suppose that ...
…ではないかと思います。

◆ It seems to me that ...
私には…のように思えます。

◆ It's possible that ...
…という可能性があります。

Tip 自分の経験や知識に基づいた意見を言うときの表現

「自分の経験や知識の範囲に限った話ですが…」と前置きしたいときの表現です。これからする話（意見）に確信を持てないときや自信がないときにも役立ちます。

◆ Based on my experience, ...
私の経験から言いますと…。

◆ To the best of my knowledge, ...
私が知る限りでは…。

◆ As far as I know, ...
私が知る限りでは…。

遠慮を示すときの表現

遠慮をしたり、情報が確かではないときの前置き表現です。

◆ I may be wrong, but the schedule may have changed since the last meeting.

間違っているかもしれませんが、前回のミーティング以降スケジュールが変わった可能性があります。

◆ Correct me if I'm wrong, but I believe we need to obtain global headcount approval before starting the interview process.

間違っていたら教えていただきたいのですが、採用面接のプロセスを始める前にグローバルのヘッドカウント（採用可能な人数）の承認を得ないといけないと思います。

避けた方がよいフレーズ

094

▷ **I disagree.**

反対です／賛成できません。

＊ストレートな言い方。

▷ **I don't agree with you.**

あなたとは同意できません／しません。

＊you を使っていて直接的で角が立つ。

▷ **Sorry, but I don't agree.**

すみませんが、同意できません。

＊謝る必要はない。

＊上記は間違いではありませんし、sorry がクッション言葉にもなっているので丁寧に表現したい気持ちは伝わります。しかし、場面12「謝罪する」の You apologize too much! のエピソード（p.146）同様、別の意見を述べることに対して謝る必要はないからです。それによって相手を傷つけたり損害を与えたりしているわけではありません。また、sorry のひと言で余計に否定されていると感じる可能性もあります。そういった点についても少し意識してみるとよいでしょう。

⑤ 事実を基に冷静に論理的に説明する

　感情的になるのではなく論理的に説明します。どのようにその意見に辿り着いたかをひも解いて説明すると、こちらの意見とその意図を相手に理解してもらいやすくなります。反対意見を述べるだけではなく、代替案や新しい見方、解決策を相手に提案できるようにフォローします。自分の考えを裏づける事実や証拠を出すことができれば説得力が増して、相手は責められていると感じにくく、建設的な話し合いに発展するきっかけにもなります。

成功フレーズ　095

▶ **I believe we need to rethink this because ...**

　…のため、これを考え直す必要があると思います。

▶ **Let me explain a bit more.**

　もう少し説明させてください。

▶ **Perhaps I didn't explain clearly enough.**

　あまり明確に説明できていなかったかもしれません。
　＊相手が誤解している、あるいはポイントが伝わっていないとこちらが感じたときの有効な表現。

▶ **According to research, ...**

　（調査）によると…。
　＊客観性のあるデータや情報で説明をして主張をバックアップする。

▶ **Based on what I've found, ...**

　調べたことによると…。

❻ 反対意見を述べた後、相手にも意見を述べる余裕を与える

　コミュニケーションは一方通行ではなく双方向であるべきです。一方的に反対意見を述べたり論破したりするのではなく、相手にも反応できる間や余裕を残します。こうしたちょっとした気配りが diplomatic で建設的なディスカッションにつながります。

成功フレーズ　　　　　　　　　　　　　　　　096

▶ **Those are my thoughts, but please correct me if I'm wrong.**

それが私の考えですが、間違っていたら教えてください。

▶ **I may be wrong, but that is my perspective on this issue. What are your thoughts?**

間違っているかもしれませんが、それが私のこの件に対する考えです。あなたはどのように思われますか？

▶ **[I understand your point. However, I believe that ...] I'd like to know what you think about that.**

（その点は理解します。ただし、…だと思います。）その点について、ご意見をお聞きしたいです。

▶ **Please let me know if I can clarify anything.**

何かご不明な点がありましたら、お知らせください。

▶ **Please feel free to jump in if you have any questions.**

何か質問がありましたら、いつでも言ってください。

▶ **What questions do you have?**

質問はありませんか？
　※「どのような質問がありますか？」と尋ねていてオープンな印象を与えられる表現。

▶ **Is there anything else we should discuss?**

他に話すべきことはありますか？

▶ **Do you have any thoughts regarding this?**

この件について、何かご意見はありますか？

▶ **I'd appreciate hearing your thoughts on this.**

この件について意見を伺いたいです。

▶ **I haven't reached any conclusions, but this is what I'm thinking right now. I'd be eager to hear what you think.**

結論には辿りついていませんが、これが今の私の考えです。ぜひあなたの考えを聞きたいです。

▶ **That's how I see it. Can you see any other approach?**

これが私の考えです。他に何か方法は考えられますか？

▶ **I'd be glad to have your input.**

あなたの意見をぜひ聞かせてください。
＊「聞きたいです」「聞けたらありがたいです」のニュアンス。

▶ **Is there some point that I am not seeing here?**

私が気がつけていない点はありますか？

142

097

ビジネスシーン❶

ミーティングで決まりつつある事項について異なる意見を持ち出す。予定通り商品を展開することが決まりつつあるが、在庫状況が少々不安なため、十分に確保できるまで2カ月間発売を延期することを検討してもらいたいと思っている。

A：Emi
B：Katherine（マネージャー）

B：Does anyone have any other thoughts on this?

A：Yes, could I make a comment?

B：Absolutely.

A：Thank you. I understand the advantages of pushing forward according to the original plan. I agree that it will give us a competitive edge in the market. At the same time, I also believe that delaying the rollout has benefits. Firstly, it would give us more time to build up stock and ensure sufficient supply post-launch. Secondly, we could broaden our market through social media exposure and customer engagement. As the data team has shown, the sales will significantly outweigh the momentary decline in earnings due to the two-month delay, and it will catch the media's attention. These are my thoughts. I'm wondering if you would be open to considering this option.

B：Thanks for your insights, Emi. I do agree about the first point, and your second point is definitely worth considering. Does anyone else want to comment on this?

B：この件について他に意見はありますか？

A：はい、コメントしてもいいですか？

B：もちろんです。

A：ありがとうございます。当初のプランで進めることの利点は理解しています。市場での競争力を高めることにつながることには同意しています。一方で、発売を

1

ビジネスで日々直向するシーン

143

遅らせることにも利点があると考えています。1つ目の理由は、十分な在庫を確保し、ローンチ後にも継続的に在庫を確保することができます。2つ目の理由は、その間ソーシャルメディアへの露出や顧客エンゲージメント（顧客の興味や注意を引きつけ、企業と顧客の結びつきを強めること）を通して、マーケットを拡大させることができます。データチームが予測したように、発売後の売り上げは2カ月の一時期的な損益を大きく上回るとのことですし、メディアの注目も得られるはずです。以上が私の考えですが、この点をご検討いただけますでしょうか。

B：エミ、ご意見ありがとうございます。1つ目の点に同意しますし、2つ目の点についても検討の価値がありますね。他の人は何かコメントありますか？

ここに注目！

❸ **相手の意見を受け入れ、自分の意見を述べる**
❹ **反対の度合い・自信の度合い別に意見を述べる**
❺ **事実を基に冷静にロジカルに説明する**
❻ **反対意見を述べた後、相手にも意見を述べる余裕を与える**

ミーティングで、商品のローンチを予定通り進める方向に皆の意見が傾いているなか、エミが異なる意見を共有します。すでに挙がったプランのメリットを理解して賛成を示したうえで、延期することのメリットを簡潔に説明します。データチームによる分析と見通しを提示し、客観的な情報でバックアップします。相手に延期を検討してもらいやすい説明をし、最後に相手にも意見を尋ねる形で締めくくっています。

問題解決

Chapter 2

12 | 謝罪する

　英語で謝罪をするときは、「具体的」に「誰」に「何」を謝っているのか、そしてどう対応するかを示す必要があります。日本語の「すみません」の感覚で "sorry" と言うと、場合によっては誠実性が下がり、不真面目に聞こえてしまうので危険です。深刻なケースで謝罪を伝える際は、具体的に誰に何を謝っているのか、そしてそこに至った理由、今後どう対応するかといった解決策などを明確にします。

　たとえば、納期に間に合わず、クライアントのプロジェクトに遅延が起きた際に、"I'm sorry." のひと言で反応するとします。相手は解決策やその後の対応を求めています。そこで相手が返事をして、再び "I'm sorry." を繰り返す…。どう表現すればよいか分からない、あるいは「説明しようとすると言い訳に聞こえるのではないか」と思ってこのように対応したのかもしれません。しかし、そのひと言で終わらせると事態を軽く見ているように思われますし、素っ気なくて誠意が伝わらないうえ、問題も解決しません。具体的な謝罪の言葉に加え、具体的な解決策やアクションを提示することが重要です。

　このように、何に対しても "I'm sorry." のみ言う反応は、その場しのぎに聞こえてしまうときがあり、説明不足であり、誠意が伝わりにくくなります。その一方で、軽めのミスに対して "I'm very sorry." と言うと、必要以上に大げさでかしこまって聞こえてしまい、逆に誠実さが伝わりにくくなります。

　謝ることに関連して思い出す指摘があります。筆者はハワイに留学していた頃、"You apologize too much!" と言われたことがあります。無意識あるいは習慣で謝っていたか、日本語の「すみません」の感覚で言っていたようです。「間違いを犯したり、相手に実際に迷惑をかけたり、傷つけたり、損失を負わせたりしたら謝罪が必要だけれど、それ以外のときは "sorry" や "I'm sorry, but ..." と言う前に一瞬考えて」とアドバイスを受けました。

　日本語では、実際には「ありがとう」と言うべきときに「すみません」と言いがちであるという指摘をよく耳にします。前の人がドアを開けておいてくれたときに言うべきなのは「すみません」ではなく「ありがとう」だという例がよく挙げられます。謝罪は本当に謝らないといけないときに取っておく。そして、謝罪するときは深刻度に合わせて言い方をカスタマイズする。この点を意識してみてください。

アプローチ▶

1. 謝罪の言葉を述べる
2. 理由や原因を伝える／責任を認める
3. 対応・解決法・再発防止策・責任の取り方・埋め合わせ・今後の対応プランを伝える
4. 謝罪の言葉・後悔の気持ち・プラスαの言葉を添える

1 謝罪の言葉を述べる

　英語圏では謝罪を述べる際、その内容や対象、そして理由を明確にします。具体的な表現を使って、相手や状況、深刻度に合わせて言葉を選ぶ必要があります。"I'm sorry for the inconvenience."（ご迷惑をおかけしてすみません）のひと言だけでは表面的ですが、相手にどのようなダメージがあったかを認めて（受け入れて）、必要に応じて対応や解決策を提示し、責任を認める言葉や後悔の気持ちも述べると誠実性が伝わります。

成功フレーズ　098

▶ I'm sorry that there was an error in my earlier email.
先ほどのメールに誤りがありました。申し訳ございません。
※ 深刻度が比較的軽めの場合。

▶ I apologize for sending you the outdated information.
以前の（古い）情報をお送りしてしまい、お詫びいたします。
※「間違った情報」と言いたい場合は the wrong information で置き換える。

▶ The attachment was inadvertently left off the email. Please refer to the attached file. We apologize for the inconvenience.
メールに添付漏れがありました。添付ファイルをご参照ください。ご迷惑をおかけして申し訳ございません。

▶ I'm afraid that there was a mistake in the date in my earlier email. The correct date should be October 12, NOT October 11. I'm sorry for the confusion.

恐れ入りますが、先ほどのメールに日付の誤りがありました。正しい日付は10月12日です（10月11日は誤りです）。ご迷惑をおかけして申し訳ございません。

▶ I am deeply sorry for the delay in payment.

お支払いが遅れてしまい、深くお詫び申し上げます。

＊ I [sincerely] apologize for ...（…を心よりお詫び申し上げます）も同様に使える。

▶ I sincerely apologize for failing to make the payment on time.

期限内にお支払いできなかったことを心よりお詫びいたします。

▶ We are very sorry to inform you that the session will be canceled due to low enrollment.

参加登録者数が少ないため、セッションがキャンセルになりますことをお知らせいたします。心からお詫びいたします。

▶ I'm very sorry to ask you for this change of schedule on short notice.

直前の日程変更をお願いしてしまい、大変申し訳ございません。

▶ We are very sorry that we charged you twice for the same order.

同じご注文に対して請求が重複してしまい、大変申し訳ございません。

▶ We'd like to express our sincere apologies for the unfortunate error and delay.

残念ながら起きてしまったミスと遅延を深くお詫び申し上げます。

▶ I would like to express my sincere apologies for making a mistake in your name on the form.

フォームにお名前の記載に誤りがあり、心からお詫びいたします。

▷ **I'm sorry for the delay in sending you the materials that you requested.**

ご依頼いただいた資料の送付が遅れてしまい申し訳ございません。

▷ **We apologize for this error and the inconvenience this has caused.**

この間違いとそれによるご不便をおかけしてしまい、お詫び申し上げます。
　※ 具体的な謝罪の後にあらためて謝罪を述べる際に適切な表現。

▷ **We'd like to extend our sincerest apologies for the trouble caused by our customer-support department.**

当社のお客様サポート部とお話しいただいた際、ご迷惑をおかけしてしまいましたこと、心からお詫び申し上げます。

> 避けた方がよいフレーズ　　　099

▷ **Sorry.**

すみません。

▷ **I'm sorry.**

すみません。

▷ **Sorry about that.**

申し訳ない。
　※ 具体性がなく、カジュアルで素っ気ない。軽い間違いや、ちょっとぶつかったときなどは使っても問題ない。

❷ 理由や原因を伝える／責任を認める

　誤りや失敗をきちんと認識していること、理由や原因を調査した（している）こと、そしてこちらに原因や非があれば責任があることを認める考えがあることを伝えます。状況を真摯に受け止めていることが伝わり、過ちがあったとしても人間関係がそこで切れてしまうのを防ぐことができます。

▶ I'm afraid we failed to confirm the details before sending the information to you.

申し訳ありませんが、情報をお送りする前に詳細を確認しませんでした。

▶ We are currently investigating this issue.

現在この件について調査をしております。
＊原因が不明の場合。

▶ I should have informed you earlier about the possible delay.

遅延の可能性についてもっと早くお知らせするべきでした。

▶ We should have confirmed the available resources first before proceeding.

進める前に利用可能なリソースを確認するべきでした。

▶ The process required more time than expected, and we should have alerted you regarding this delay.

プロセスに予想以上の時間が必要になりました。あらかじめその旨をお伝えするべきでした。

▶ I realize that I should have double-checked the figures before submitting them. I'm very sorry that this has caused so much trouble.

提出する前に数字を再確認するべきでした。多くのご迷惑をおかけしてしまい、申し訳ございません。

▶ I'm deeply sorry that I didn't take the time to double-check the details before sending the report to the printers.

印刷所にレポートを送る前に（時間をとって）詳細を再確認することをせず、申し訳ございませんでした。

▷ Please be assured that we are making every effort to resolve this issue.

この件の解決に力を尽くしております。

---

③ 対応・解決法・再発防止策・責任の取り方・埋め合わせ・今後の対応プランを伝える

　ミスや状況を解決・改善するための対応や、責任を取る姿勢とその方法、再発のないようできる限りのことをするなど、今後に目を向けます。具体的に提示した方が深く考えていて責任を感じていることが伝わり、相手との関係も次につながります。ただし、対応について無理な約束はしない方がよいでしょう。万が一守れない、あるいは上手くいかない場合に、信頼関係が崩れる原因となりかねません。"We will never do this again". （もう二度としません）や "This will never happen again". （これは二度と起きません）のような絶対的な約束にはリスクがあり、実際には不誠実な印象になる場合もあります。

成功フレーズ 101

▷ We are looking into this issue and will get back to you as soon as we have any updates.

現在調査しており、分かり次第（アップデートがあり次第）早急にご連絡いたします。

▷ We will contact you as soon as we confirm the status of your order.

ご注文の状況を確認次第すぐにご連絡いたします。

▷ I'll send you the correct information shortly.

正しい情報を早急にお送りいたします。

▷ I'll check again to make sure everything is on schedule.

すべてスケジュール通りに進んでいることを再確認します。

▶ Please be assured that we have made every effort to resolve this issue.

この件の解決にあらゆる対策を講じましたのでご安心ください。

▶ We will make every effort to prevent this from happening again.

このようなことが再度起きないように全力を尽くします。

▶ We assure you that it will not happen again.

同じ事を起こさないとお約束します。

▶ We will make sure that this doesn't happen again.

再度（このようなことが）起きないように徹底します。

▶ We have made every effort to resolve this issue.

この件の解決に全力を尽くしました。

▶ We will make the corrections as soon as possible.

早急に修正いたします。

▶ Going forward, we will implement four-eyes checks on all drafts to minimize the risk of error.

誤りのリスクを防ぐため、すべてのドラフトに four-eyes check を実行します。

＊four-eyes check ＝ 2人以上が確認をすること（「4つの目」＝2人いることから）。リスクマネジメントの対策の一種。

▶ From now on, I will make sure to send you a heads-up about any delays.

今後は遅れのある場合は前もってご連絡をするようにいたします。

▷ We will never do this again.

もう二度としません。

▷ This will never happen again.

これは二度と起きません。

▷ Everything will be fine.

すべて大丈夫です、上手くいきます。

＊適当な空約束に聞こえる。

④ 謝罪の言葉・後悔の気持ち・プラスαの言葉を添える

　謝罪の言葉とその原因や対策を述べた後、再び別の言葉で謝罪や気持ちが伝わる言葉で締めくくるとよいでしょう。後悔や反省をしていること、相手から許しを得たい気持ち、自分の行動や姿勢を変えるというコミットメントを表現すると謝罪に深みと誠実性が加わります。言葉だけの表面的な謝罪でなく、自分のこととして捉えて責任を取ろうとしていることが伝わるでしょう。

▶ I understand how significant this project is, and I sincerely regret my mistake.

このプロジェクトの重要性を理解しており、自分の過ちを後悔しています。

▶ I know how important this is to you. Again, I'm sorry about what happened.

これがあなたにとって大切なことを理解しています。本当にごめんなさい。

▶ I know this meant a lot to you.

これはあなたにとって大事なことだったことを理解しています。

＊自分のせいで相手にとって大事な仕事に影響が出たときなど。

▶ I regret not taking the time to read your email carefully.

いただいたメールをきちんと読まず後悔しています。

▶ I'm fully responsible for what happened.

起きたことは私にすべての責任があります。

▶ I'm sorry for the inconvenience this has caused.

今回のことでご迷惑をおかけして申し訳ございません。

▶ Thank you for raising these issues.

この件をご指摘いただきありがとうございます。

▶ Thank you for giving me another chance.

再びチャンスをいただきありがとうございます。

▶ Thank you for your patience.

お待ちいただきありがとうございます。

▶ We greatly appreciate your understanding.

ご理解いただき誠に感謝申し上げます。

▶ We hope that you will accept our apologies.

謝罪を受け入れていただけますと幸いです。

▶ Thank you for your understanding.

ご理解いただきありがとうございます。

▶ We greatly appreciate your understanding.

ご理解いただき誠に感謝申し上げます。

▶ Thank you for your patience and understanding.

お待ちいただき、またご理解いただき、ありがとうございます。

▶ Please let me (us) know if you have any questions or concerns.

ご質問や気になる点などありましたらご連絡ください。

▶ Please do not hesitate to contact us if you have any questions or concerns.

ご質問や気になる点などございましたら、遠慮なくご連絡ください。

避けた方がよいフレーズ　104

▷ Can you please forgive me?

許していただけますか？

＊相手にとって答えにくく、失礼に当たる。

ビジネスシーン ❶

依頼されたデータが期限までに間に合わないことが判明した。

A：Ayaka
B：Claire（香港チームのマネージャー）

A：Hello, Claire. Thank you for making time for this call.

B：Hi, Ayaka. Not at all. What's up?

A：I'm sorry to tell you this but there will be a delay of approximately two days in getting back to you with the data that you requested. We've received an unexpected volume of requests from the U.S. team, and it's taken our entire team to get through them. Unfortunately, our poor planning resulted in a delay in fulfilling your request. We are very sorry for the delay and for letting you know on such short notice.

B：I see. I'll give a heads-up to William about the data's status. Thanks for the update, Ayaka.

A：お疲れさまです、クレア。お忙しいなか、お時間いただきありがとうございます。

B：お疲れさま、アヤカ。どうかしましたか?

A：申し訳ないのですが、ご依頼いただいたデータをお送りできるのに予定より約2日遅れが出てしまいます。U.S.チームから予想外のボリュームの依頼があり、チーム全員で対応しなければならなくなりました。恐れ入りますが、私たちのプランニングが不十分で、クレアからいただいたリクエストを完了するのに遅れが発生してしまいました。遅れてしまったこと、そして直前のお知らせとなってしまったことを大変申し訳なく思っております。

B：なるほど。ウィリアムに状況を知らせておきます。アップデートをありがとう、アヤカ。

ここに注目！

❶ 謝罪の言葉を述べる
❷ 理由や原因を伝える／責任を認める
❹ 謝罪の言葉・後悔の気持ち・プラスαの言葉を添える

何に対して謝っているかを明確にして謝罪を述べています。また、理由も簡潔に説明し、アメリカチームからの大量のリクエストが予想外だったという事情はあっても、そのような状況にも対応できるための計画性が不十分であったことにも原因がある、と責任を認めています。今回は遅れてしまうことを伝えるに留まっていますが、万が一クレアのリクエストがタイムセンシティブで、遅れることによる影響が大きい場合は、追加でリソース（人員）を募る、あるいは他の解決策を模索したかもしれません。

ところで、クレアの "What's up?" は少々カジュアルですが、マネージャーとしてのポジションであること、そしてフレンドリーさを示す効果があることからビジネスのこのような場面でも問題ありません。ただし、アヤカからクレアに対して言うのはよっぽど親しい仲でない限りカジュアル過ぎます。Thanks も同様です。ちなみに、筆者は仕事では thanks は使わず、thank you と省略せずに言います。

2

問題解決

ビジネスシーン ❷

法務関連の研修を実施した講師への支払いが未払いのままだった。

A：Dave Matthews
B：Angie Lee（法務のトレーニングを提供した講師）

A：Ms. Lee, thank you for taking time to talk with me today.

B：Hello, Mr. Matthews. It's not a problem.

A：I would like to formally apologize for the late payments for the legal training that you offered in December. Upon investigation, we found that the invoice for a total of 35,000 Hong Kong dollars was not processed correctly in our internal system. It has been placed in expedited processing, and the payment will be reflected in your account on September 30. Also, we have put in place a system that will raise alerts on any outstanding invoices. Again, we sincerely apologize for the inconvenience and concerns that this has caused.

B：I understand. Thank you for letting me know.

A：リー様、本日はお話しするためにお時間をいただきありがとうございます。

B：こんにちは、マシューさん。いえ、問題ないですよ。

A：この度は12月にご提供いただいたリーガルトレーニング（法務研修）に対するお支払いが遅れてしまいまして、正式にお詫び申し上げたく存じます。調査の結果、35,000香港ドルが社内システムにて正常に処理されていなかったことが判明いたしました。早急に処理を行っており、9月30日にはそちらの口座に入金される予定です。また、今回のことを受けて未処理の請求書が残っている際にアラートを出すシステムを導入いたしました。あらためまして、この度はご迷惑とご心配をおかけしてしまい心からお詫び申し上げます。

B：承知しました。教えていただきありがとうございます。

ここに注目！

❶ **謝罪の言葉を述べる**
❷ **理由や原因を伝える／責任を認める**
❸ **対応・解決法・再発防止策・責任の取り方・埋め合わせ・今後の対応プランを伝える**
❹ **謝罪の言葉・後悔の気持ち・プラスαの言葉を添える**

何に対して謝っているのか、調査をしたこと、そして問題の原因を述べています。責任も認め、今後の対応策（新システム導入）も伝えています。それに対して、クライアントも謝罪を受け入れています。なお、メールの場合は35,000 Hong Kong dollars を 35,000 HKD、そして September 30 を Sept. 30, September 30th などと表記することが可能です。

13 | 間違いや問題を指摘する

　入社1年目の同僚のレポートにタイプミスがあった。マネージャーがミーティングで共有した統計に間違いがあった。同僚が送信したメールの Cc に入るべき人と同姓同名の違う人物が入っていた。こうした誤りや問題に気がついたものの指摘するべきかどうか迷ったことはありませんか？

　会社に損害が出たり、ビジネスやチームに悪影響が出ることが明らかな場合もあります。それを放置して黙っていることは、自分の倫理感に反すると思うこともあるでしょう。

　その一方で、指摘すると相手が不快に思うかもしれないと心配になってためらう気持ちも分かります。問題を改善するために（またはこれ以上悪化しないように）指摘をしたのに、相手は「攻撃された」「責められた」と感じるなど、こちらの意図とは違う解釈をする可能性があり、それを恐れてためらってしまうのです。

　間違いや問題の内容や緊急性、それによるダメージを考慮し、指摘すると決断したら指摘することの目的をはっきりさせます。問題を解決する、間違いを訂正する、相手に行動を見直すように導くなどの目的に沿って、ここで紹介するアプローチを取って伝えれば、「揚げ足を取っている」「間違いの粗探しをしている」という印象にはならず、建設的で協力的なやり取りになるでしょう。

　本書の他の場面にも共通することですが、そのときによって状況や詳細が異なるため、オールマイティーでシンプルなルールは存在しません。また、相手の受け取り方や反応はコントロールできません。同じ情報や状況でも、人によって見方や解釈、気持ちや経験が異なります。しかし、伝え方は工夫できます。

間違いを指摘するときに使うツール

　メールは時間をかけて内容を考えることができ、言いにくいことも対面でのコミュニケーションを避けて伝えられるので、プレッシャーは低くなります。しかし、声のトーンや顔の表情が伝わらないため、相手の受け取り方や解釈の可能性の幅が広がってしまいます。意図した通りに伝わるとは限りません。メールは一方通行なので向こうの反応も見えませんし、内容が伝わっているか、誤解はないか、補足説明が必要かどうかも分かりません。

　また、メールは自分も都合のよい時間に書いて送れますが、相手も都合のよい

ときに読むことになります。忙しくて相手が読んでいない、あるいは返事ができていない間、返事が来なくてどんどん心配になることはありませんか？　筆者も「気を悪くしてしまったかな」「伝え方がよくなかったのかな」とつい解釈してしまいます。

　そのときの気持ちや体調も影響します。疲れているときや焦っているとき、機嫌が悪いときに読むのと、落ち着いていて機嫌がよいときに読むのとでは、同じ文面でも違ったトーンで受け取られる可能性があります。

　メールは便利ですが、センシティブで複雑な内容の場合には不向きな場合があるのも事実です。できることは、相手が意図をくみ取ったり察してくれることを期待せず、意図や目的をはっきりと言語化し、丁寧で気遣いのある表現を使いつつも相手に確実に伝わるようにすることです。

　対面や電話で伝える際は、できるだけ本人と2人のときがよいでしょう。ただし、ミーティングなど他の人もいるときの場合でも、その間違いを基に進むことがリスクになる際は、その場でタイムリーに訂正するとよいでしょう。

アプローチ▶

❶ 問題や間違い自体にフォーカスして伝える
❷ 批判に聞こえないように事実に基づいて表現する
❸ 相手に説明してもらう／理解しようとする
❹ 解決策を提案する

　"You are wrong." などと you を主語にすると、相手「個人」を責めて攻撃しているように聞こえてしまいます。代わりに I を使って表現するか、問題や間違い、相手の行動自体にフォーカスすると、客観性を保つことができ、柔らかく表現できます。感情的な表現を入れないことで視点と意識も客観的になるでしょう。指摘することの目的が問題解決や間違いの修正であればなおさらです。適切であれば、最初にポジティブなコメントで始めるとぶしつけにならず、相手に受け入れられやすくなるでしょう。ただし、この部分が長くなってなかなか本題に入れないという状況にならないように注意しましょう。

成功フレーズ　　107

▶ **There seems to be a mistake.**

これは間違いのようです。
※相手の誤りを指摘するとき。「相手」ではなく「間違い」に焦点を当てた表現。

▶ **I think that might be a mistake.**

恐れ入りますが、それは間違いのようです。

▶ **Thank you so much for working on the report. By the way, I noticed that there was a mistake in the chart on Page 5. Could you double-check on that?**

レポートを作成してくださってありがとうございます。ところで、5ページ目のチャートに間違いがあることに気がつきました。再度確認していただけますか？

▶ **I believe that there might be an error in the stats. Do you have a minute to look over it together?**

スタッツ（数字、統計）に間違いがあるようです。少しお時間あれば一緒に確認してみませんか？

▷ I just happened to notice a typo in the client's name, and I thought it would be best to correct it. Could you make the change? It's on Slide 3 of the slide deck.

クライアントの名前に誤字があることにたまたま気がつきました。訂正した方がよいと思ったのですが、可能ですか？　スライドの3枚目にあります。

▷ It seems to me that the price is a bit over our budget.

価格が少し予算オーバーしているようです。
※問題や疑問に思うことをやんわりと伝える。

▷ I'd like to share my thoughts on [...] with you.

…について考えていることをシェアしたいと思います。

▷ I have some concerns regarding the process.

そのプロセスについて少し懸念点があります。

▷ Could you please confirm if that is accurate?

それが正しいかご確認いただけますか？

▷ With all due respect, I don't believe that the candidate meets the criteria for this role.

せん越ながら、その候補者はこのロール（役職、職務）の条件を満たしていないと思っています。
※ With all due respect は異なる意見などを述べるときの丁寧な前置き表現。

避けた方がよいフレーズ

108

▷ You're wrong.

あなたは間違っている。
※相手にフォーカスし、you を使っていて責めているニュアンス。

▷ You made a mistake.

あなたは間違いを犯した。
※ストレートに責めているニュアンス。

163

▷ **This is a problem.**

これは問題だ。

＊直接的。トーンによっては挑発的に聞こえる。

---

② 批判に聞こえないように事実に基づいて表現する

　1つの状況や現象に対して、自分と相手の見ている（または見えている）側面が同じとは限らないため、相手は問題に気がついていない、あるいは問題だと思っていない可能性があります。注意したいのは、相手や他の人のせいにしたり、批判をしないことです。相手が defensive に反応してしまい（身構えてしまって）、問題や間違いの原因、解決策、防止策から注意が逸れてしまう恐れがあります。一方、事実に基づいて客観的で論理的な説明ができると、説得力が増し、相手に受け入れてもらいやすくなるでしょう。

　経験や背景知識の有無が問題や間違いに気がつくかどうかに影響します。たとえば、以前同じような問題に直面したことがあればその経験を基にして相手に伝え、解決に導くサポートができるかもしれません。

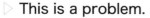
成功フレーズ　　　　　　　　　　　　　　　　　　109

▷ **Based on previous experience, it might be best to explore other options. This is because ...**

以前の経験を基に言いますと、他の選択肢を検討した方がよいかもしれません。なぜかと言いますと…。

▷ **Based on what I've observed in the past, it seems that ...**

私がこれまで見てきたことによりますと、…のようです。

▷ **Something doesn't look quite right here. Could you confirm [that this is accurate]?**

何かがちょっと違うように思います。（正しいか）確認していただけますか？

▷ It appears that the numbers don't match. Could you please check them?

数字が合わないようです。確認していただけますか？

＊It appears that ... で客観的でやんわりと伝える。

▷ I may be mistaken, but is that the correct data?

私の思い違いかもしれませんが、これは正しいデータでしょうか？

＊I may be mistaken で「確かではないけれど」と前置きをし、発言に自信がないときや、反対意見を述べたり相手の間違いを指摘する際に、印象を和らげることができる。

▷ Just to double-check, does this cover all of our responsibilities?

念のための確認ですが、これで私たちのすべての責任をカバーできていますか？

＊新しいプロジェクトなどを始める際、それぞれの役割や責任を持つべきことを確認するときに。

▷ Perhaps I've overlooked something, but I don't understand the relationship between X and Y.

私が何かを見落としたのかもしれませんが、XとYの関係をよく理解できていません。

▷ Are these the figures we received from the client? For some reason, they seem off.

これはクライアントから送られてきた数字ですか？　なぜかどこかがちょっと合っていないようです。

避けた方がよいフレーズ　　　　　　　　110

▷ That couldn't be accurate.

それは正しいはずがない。

＊決めつけていて責めているニュアンス。

▷ Where did those details come from?

その詳細（情報）はどこから来たのですか？

▷ Is that true?

それは本当？

＊疑っているニュアンス。

③ 相手に説明してもらう／理解しようとする

　問題を指摘する目的の一つに、その背景や理由、意図などを理解することも挙げられます。相手に説明してもらえれば対応の方法も明確になり、適切な改善策や解決策が見えてきます。また、オープンに相手の話を聞くことで理解しようとしている姿勢が伝わりますし、相手は説明をする機会をもらうことで「責められている」「一方的に指摘されている」といった印象が薄くなり、円滑なコミュニケーションにつながります。

成功フレーズ　⑪⑪

▶ Could you tell me more about [...]?

…について（もっと）教えていただけますか？

▶ Could you give me an example?

例を1つ教えていただけますか？

▶ Could you help me understand ...?

…を理解するのを手伝っていただけますか？

▶ I'd like to hear your thoughts on ...

…についてのご意見をお聞きしたいです。

▶ How do you view this issue?

このこと（問題）についてどう思われますか？

▶ I'd like to hear your perspective on this situation.

この状況をどうご覧になっているかお聞きしたいです。

112

▷ **Why did you ...?**

どうして…したのですか？
＊質問の形をしていながら、相手を責めている（相手のせいにしている）ニュアンス。

▷ **Why didn't you ...?**

なぜ…をしなかったのですか？

▷ **You should have checked that.**

あなたはそれをチェックするべきでした。

❹ 解決策を提示する

　気づいたことを指摘するだけでなく、解決策を提案したり、修正案を述べたり、あるいは一緒に考える姿勢を示すといいでしょう。③で問題の背景や相手の見解を理解できれば、ともに解決に向けて協力できます。サポートする姿勢が伝わると、一方的に責めたり間違い探しをしたりしていたわけではないのだと理解してもらえますし、こちらとしても問題や間違いが解決・修正されるのを見届けることができます。

113

▷ **Would you consider ...?**

…を検討してみますか？（検討してみるのはいかがですか？）
＊オープンに聞いているため、相手は押しつけられたようには感じにくい。

▷ **Do you think it's possible to ...?**

…するのは可能だと思いますか？
＊その対応の方法が実現可能かを尋ねて相手に余裕を与える聞き方。

▷ **How about if we try ...?**

…を試してみるのはいかがですか？
＊we を使っていることもあり、協力的なニュアンス。

▶ **Let's try to figure out what the cause is and work on a solution.**

原因を突き止めて解決に向けて取り組みましょう。

▶ **Let's think about how we could change this.**

これを変えるためにはどうすればよいか考えましょう。

＊ともに取り組む姿勢が伝わる。

▶ **Could we look at this together and see what we can do?**

一緒に何ができるかを考えてみませんか？

ビジネスシーン ❶

マネージャーがミーティングで共有した統計に間違いがあった。

A：Kathryn（マネージャー）
B：Steve

A：Does anyone have comments before we move on to the next segment? ... Yes, Steve.

B：Thank you, Kathryn. The results are really fascinating. I'd just like to check: It appears that the year-over-year* change in retention between 2019 and 2020 shown in the graph is different from the figures in the chart. Do they reflect different statistics?

A：Steve, thank you very much for catching that. You're correct, the figures in the graph weren't accurately updated. Everyone, my apologies for the error. The figures in the chart are the correct ones, so please refer to that on the slide. Thank you for pointing that out, Steve.

　*year-on-year が使われることもあります（特にイギリス英語で）。

A：次のセグメント（ミーティングのアジェンダアイテム、パート、セクション）に移る前に、どなたかコメントなどありますか？　…はい、スティーブ。

B：キャサリン、ありがとうございます。この結果は本当に興味深いですね。ちょっと確認させていただきたいのですが、グラフに表示されている2019年と2020年のリテンションの前年比の変化が、チャートの数字と違うように見えます。これは異なる統計を反映しているのでしょうか？

A：スティーブ、ご指摘ありがとうございます。おっしゃる通りです。グラフの数字は正確にアップデートされていませんでした。皆さん、申し訳ございません。チャートの数字が正しいので、そちらをご参照ください。スティーブ、教えていただきありがとうございました。

❶問題や間違い自体にフォーカスして伝える
❷批判に聞こえないように事実に基づく表現する

　まず結果についてポジティブなコメントを述べ、「確認したいのですが」と前置きをしてから "It appears that ..." と客観的にかつやんわりと伝えています。間違いだと決めつけず、自分の理解が正しくない可能性も考慮した表現方法です。明確でない部分も具体的に伝えており、批判的なニュアンスを含まない表現になっています。キャサリンもその指摘を素直に受け止め、感謝を述べて気持ちのよいコミュニケーションになっています。

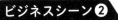

ビジネスシーン❷

同僚が送信したメールの Cc に、入るべき人と同姓同名の違う人物の名前が入っていると気がついた。

A：Austin
B：Remi

A：Hi Remi, I just saw your email about the mentoring program. It appears that the Cc includes John Smith from Technology in New York, instead of John Smith from HR* in Hong Kong.

B：Ah, I meant to send it to John in Hong Kong. I'll recall** the message and resend it. Thank you so much for catching that.

A：Not at all!

B：OK. Now it's recalled, and it looks like no one had opened the email yet.

A：That's great to know. Actually, I did something similar just the other day. I believe the Outlook security alert*** popped up to confirm the addressees, but I must have overlooked it.

B：I think I overlooked it too. I'll be more careful next time. Thank you for saving me!

A：お疲れさまです、レミ。今ちょうどレミが送ったメンタリングプログラムに関するメールを見ました。Cc に香港のHRのジョン・スミスではなく、ニューヨークのテクノロジー部のジョン・スミスが入っているようです。

B：あぁ、香港のジョンに送るつもりでした…。メッセージをリコールして（正しい人が入っているメールを）再送信します。気がついてくださってありがとうございました。

A：いえ、とんでもないです！

B：よし…。無事にリコールされて、まだ誰もメールを開いていないみたいです。

A：それはよかったです。実は、私もつい先日同じようなことをしてしまいました。確か Outlook が送信先をチェックするようにセキュリティのポップアップが表示されたはずなのですが、見落としてしまったようです。

B：私も見落としていたようです。次からは気をつけます。助かりました、ありがと
うございます！

[*]HR = Human Resources（人事部）

^{**}recall = 送信したメールを相手の受信トレイから削除する機能（未読の場合）

^{***}security alert = 似た名前やメールアドレスがある場合、自動的にシステムが検知して送信先
を確認するようにアラートを出す機能

ここに注目！

❶**問題や間違い自体にフォーカスして伝える**
❷**批判に聞こえないように事実に基づいて表現する**
❸**相手に説明してもらう／理解しようとする**

相手のメールの誤りにフォーカスして、you を使わず "it appears that ..." と婉
曲的にかつ客観的に伝えています。また、自分自身も似た経験があることをシ
ェアすることで発言の説得力が増していて、共感していることが伝わります。
ミスや経験を自分から打ち明けることで相手は指摘を受け入れやすくなり、相
手の親近感も高まり、お互いの距離も少し縮まります。

14 | 交渉の基本（Negotiation 101）

「交渉」と聞くと、壮大な金額が関わるようなディール（取引）を想像しそうですが、実際には日常でもさまざまな「交渉」の場面に遭遇します。スケジュール変更や納期設定、契約の内容など、相手との間で「実現・実行するかどうか」「どのようにするか」「いつするか」の決断をしなければいけない場面は多々あります。合意にたどり着くためには話し合いによってお互いに納得できる結論を見出し、ときには相手の希望や意見、期待していることを優先する必要があります。

どのような状況にも対応できるオールマイティーなフレーズやマニュアルはありません。状況や人間関係、信頼関係の深さなどの不確定要素に日本と英語圏の文化の違いが加わり、状況や相手に合った表現やタイミングのよさが一層必要になります。また、会社や組織、部署を代表して話し合いに臨む場合があります。意思決定にはタイミングや予算、支出、リソース（資金、時間、人員など）、責任の委譲などが関わってきます。また、個人同士での交渉とは異なり、複数の人物が参加し、詳細を話し合い、内容や理由を説明して社内の承認を得る必要があります。そのすべてのプロセスで使える「必ず成功するフレーズ」は存在しません。しかし、交渉におけるマインドセットやアプローチを理解し、効果的にコミュニケーションを取ると結果につながりやすいでしょう。

なお、101 は「ワン・オー・ワン」と読み、「基礎・基本」「初級」「入門」を意味します。大学のコース名（Economics 101 など）で使われ、科目やテーマの「入門編」や「基礎講座」の意味で書籍やウェブサイトのタイトルなどでも使われます（Cooking 101 = 料理の入門編、初心者向けの料理本・サイト）。フレーズとしては、何かを説明した後に "That's [...] 101"（それは…の基本だよ）などと言うこともあります。

文化の違いについて

他の場面にも共通する high-context culture（ハイコンテクスト・高文脈文化）と low-context culture（ローコンテクスト・低文脈文化）というコンセプトの理解が必要です。異文化コミュニケーションとビジネスではその理解が重要で、交渉の場面でも大きく影響します。

生活しているため、より直接的に言語化しないと伝わりません。発言は言葉通り
に受け取られ、理解されます。

　交渉の場面でもこの違いが影響します。「これは直接的な表現では言いにくい
し、言わなくても通じるだろう」とは思わず、誤解やミスコミュニケーションを防
ぐためにも明確に言葉にすることが大切です。日本特有の気遣いや婉曲表現は
英語には直訳できません。

　「検討します」「持ち帰ります」「難しいです」はそのまま英語にしても伝わらな
い例です。たとえば、「検討します」はその場での回答や決定を避ける婉曲的な
表現で、「やや no」の意味合いを含みます。英語で "I'll think about it." と言う
と、「考えます」という文字通りの意味に受け取られます。いい返事を期待させ
てしまう可能性もあります。同じく、「(その件は) 持ち帰ります」をそのまま英訳
しても通じません。

　「難しいです」も同様です。断るとき、日本語では角が立たないように「難し
いです」と婉曲的に言うことがありますが、これを "That would be difficult." と
直訳すると、文字通りの意味で伝わります。人によっては「難しいけれど頑張る」
「簡単ではない(だが不可能ではない)」と前向きな返事と捉えられる可能性も
あります。

　ビジネスでは曖昧な返事をして相手を混乱させたり誤解させるのは危険です。
そして、できないことはできないと明確に伝える必要がある一方、相手への気配
りも大切です。英語の交渉では強く出た方がいいという印象を持っている人もい
ますが、注意が必要です。攻撃的で威圧的な意味での aggressive ではなく、
assertive (アサーティブ) に伝え、リクエスト形式やクッション言葉も使用しまし
ょう。感謝の言葉からはじめて、結果が no であっても感謝の言葉で終わるよう
にするのもよいでしょう。よい印象で終えることができれば関係性も深まり、次回
は上手くいく可能性が高まります。

アプローチ ▶

❶ 相手を理解する

❷ 相手へのベネフィット・メリットを提示する

❸ 相手の考えや思いとどまらせているポイントを聞き出す

❹ 決定の期限を設ける

❺ コミットしてもらう

❶ 相手を理解する

　お互いにとって何が最適なのかを整理し、双方が納得できる妥協点を探り、合意にたどり着くことを目指します。勝ち負けを決めるのではなく、協力できるパートナーとしてのいい関係を築くことが大事です。そのためには相手の目標や達成したいこと、状況、優先順位、相手にとって「成功」とは何かを理解する必要があります。情報を引き出すためには yes/no などで答えられてしまう closed-ended questions ではなく、幅広く答えられる open-ended questions を使います。説得しようと相手が折れるまでこちら側が話し続けてプレッシャーを与えるのではなく、相手の声に耳を傾けて、希望や要求とその背景を理解し、それらにできるだけ歩み寄った形で（相手が得られるメリットを強調しながら）オファーを出します。相手のことを理解していることが伝わっているかどうかも大切なポイントです。理想のイメージは、「こちら側の要求に同意してもらう」よりも、「お互いがそれぞれの目標に近づけるように協力する」というものです。

成功フレーズ

116

▷ **How do you feel about the proposal?**
この企画（提案）についてどう思われますか？

▷ **What are your initial reactions to this idea?**
この案のことを聞いたとき、はじめはどう思いましたか？

How about [delaying the launch by one week]?

（ローンチを 1 週間延期することについて）はいかがですか？

Would you consider ...?

…は検討されますか／考えてみるのはいかがですか？

Would you consider doing X if we do Y?

Yをしたら、Xをすることを検討されますか？

Could you tell me the minimum amount that you would be willing to agree to?

同意できる最低価格を教えていただけますか？

避けた方がよいフレーズ　　　　　　　　　117

Why don't you agree to this?

なぜ同意できないのですか？
＊一方的で責めているニュアンスで失礼。

What's the problem with this?

何が問題なのですか？
＊威圧的で失礼。

❷ 相手へのベネフィット・メリットを提示する

　相手にどのようなメリットがあるのかを率直に伝えます。このとき、その内容を盛ってしまうと信頼を失う恐れがあるため気をつけます。また、提案やメリットの内容に対して相手が誤った解釈や思い込みをしないように具体的に説明し、説明した後、認識にずれがないかを確認します。①のアプローチを取ったときに、相手の目標や達成したいことに耳を傾けて理解していることが大切です。このとき、自分の視点や利益になることは脇に置いて、相手の立場と目線から考える努力をします。そこで得た情報を基に相手へのメリットにつなげることができれば追い風になるでしょう。また、メリットを説明するときに相手が使っていた言葉を取り入れて話すと注意深く聞いていたことが伝わり、誠実さも感じられます。

成功フレーズ　　118

▷ I believe you'll find this would benefit you [by increasing your brand visibility].

（ブランドの認知度が向上することが）あなたの利益につながると考えられます。

▷ Please let me describe how this would be to your advantage.

どのようなメリットがあるか説明させてください。

▷ You mentioned your sales target, and we believe that this approach would contribute towards that.

売り上げ目標をおっしゃっていましたが、このアプローチによってその目標に近づけると考えています。

▷ One merit of this is that it would reduce your expenses.

これによるメリットの一つは費用を軽減できることです。

▶ Participation in this would benefit your bottom line.

ご参加いただければ、そちらの利益につながります。

避けた方がよいフレーズ

▷ This is our best offer.

これがわれわれの提示できる最良のオファーです。
＊一方的で相手と話し合う姿勢が感じられない。

▷ You can't do better than this.

これ以上よい条件はありませんよ。
＊押しつけがましく、決めつけている印象。

▷ We can't do that.

それはできません。
＊ぶっきらぼうで、丁寧ではなく、歩み寄る姿勢が感じられない。

③ 相手の考えや思いとどまらせているポイントを聞き出す

　相手から yes が得られない場合は、その理由を理解するための質問をしましょう。①のアプローチが足りない、リソースやコストの壁があるなど理由はさまざまですが、想定や思い込みだけでは次のアクションが取りにくくなります。また、メリットを強調するばかりではなく、譲歩する意思があることを示すのも大事です。

成功フレーズ

▶ What would work for you?

どのようにしたらご都合・条件に合いますか？

▶ Would you consider an alternative [date / condition / price]?

（日程／状態／価格の）代替案を検討するのはいかがですか？

▶ To be sure we have an accurate picture, could you please explain why ...?

正しく理解できているかを確認するため、…の理由を説明していただけますか？

▶ I'd just like to confirm, to prevent any misunderstanding.

誤った理解を防ぐため、確認させていただきたいです。

避けた方がよいフレーズ　121

▷ Why?

なぜ？

＊トーンによっては威圧的でぶしつけに聞こえる。［成功フレーズ］の例のように質問をする理由を先に言うと受け入れられやすい。

---

❹ 決定の期限を設ける

　相手に合わせて柔軟に対応することは大切ですが、いつまでに決断し、アクションを起こす必要があるかを明確に提示します。曖昧にしたり放置したりすると先に進むことができず、それによるリスクもあります。こちらの都合を押しつけず、なぜその期限や納期が必要かを簡潔に説明します。

成功フレーズ　122

▶ We would appreciate a reply by the end of next week.

週の終わりまでにお返事いただけますと幸いです。

▶ Would it be possible to get an answer by, say, the end of business on Thursday of this week?

たとえば、今週木曜日の就業時間の終わりまでにお返事をいただくことは可能ですか？

▶ Our committee meets on Tuesday afternoon. Could you consult with your colleagues and let me know by Monday? It would be very helpful.

弊社のコミッティーが火曜日の午後にミーティングをします。話し合って月曜日までに（お返事・回答・結果を）ご連絡いただけますか？　そうしていただけるととても助かります。

▶ I'd greatly appreciate hearing back from you within the next week.

来週中にお返事いただけますとありがたいです。

▶ We'd appreciate your informing us of your decision by Friday so that we could get back to our clients by Monday. Would that be possible?

クライアントに月曜日までに連絡できるようにするため、金曜日までに決定の内容をお知らせいただけるとありがたいです。それは可能でしょうか？

避けた方がよいフレーズ　　　123

▷ We need an answer by Friday.

金曜日までに回答が必要だ。

＊他の候補日や理由を提示していないので、配慮がなく、一方的でぶしつけ。「可能かどうか」を聞く表現方法の方が余裕を与えていて丁寧。

❺ コミットしてもらう

　合意の内容について共通の理解を明確に持っていることを確認します。繰り返し何度も確認したり、文書など記録に残す必要があるかもしれません。日本では「合意」に、この点が欠けていることがあります。細かい点は「後で調整する」「後日内容を詰める」ということにして、相手が要求（あるいはその後の変更）を飲み込むだろうと assume（想定）することがあります。これは英語圏のビジネスパーソンにとってフラストレーションの元です。また、コミットの結果はお互いの目標を考慮して、双方が達成感を感じられるものであることが大切です。

124

▶ Let me confirm our agreement. We will deliver 50 packs of Class A paper at $30.00 per pack by August 1. Is that your understanding, too?

それでは、合意したことについて確認させてください。8月1日までにクラスAの用紙50パックを、各パック30ドルの価格で納品いたします。それで合っていますでしょうか？

▶ Let's be sure we're on the same page …

共通認識かどうかを確認しましょう…。

＊ on the same page は「考えが同じの、同意している、同じ理解や見解を持っている」の意味。

▶ Which plan would work best for you?

どのプランがそちらにとって最適ですか？

125

▷ We can decide the details later.

詳細は後で決めればいいですよ。

▷ Let's just go with this and work out the details later.

とりあえずこれで進めて、詳細は後ほど詰めましょう。

▷ So, you're OK with Plan A?

それで、プランAでよいのですね？

＊ プレッシャーをかけるニュアンス。

2

問題解決

ビジネスシーン ❶

社内のキャンペーンのポスターを用意する日程の交渉をする。

A：Adam Smith（営業部門）
B：Kaori Murata（印刷部）

A：Kaori, we need to have those posters for the campaign by January 10th. That will allow enough time to distribute them to the various offices before the holidays.

B：Honestly, we're swamped right now. I think January 11th is the earliest we can get them to you.

A：I see, do you think you can get them to us by noon on the 11th?

B：I believe that will be possible.

A：Great. We'd appreciate that if you could. We'll look forward to receiving them then.

A：カオリ、キャンペーンのポスターを1月10日までに準備する必要があります。そうすれば、休暇の前に各オフィスに配布するための十分な時間が確保できます。

B：今は忙しすぎて、最短で用意できるのは1月11日です。

A：そうですか。それでは、11日の正午までに用意することは可能ですか？

B：それでしたら可能だと思います。

A：よかったです、そうしていただけたらありがたいです。では、そのときに届くように手配の方をよろしくお願いいたします。

ここに注目！

❷**相手へのベネフィット・メリットを提示する**
❹**決定の期限を設ける**
❺**コミットしてもらう**

　早めの日にちで調整してもらえれば各オフィスにポスターを配布することができるというメリットを説明しています。休暇前は難しいことが分かり、相手が提示した日程で妥協し、その日程にコミットしてもらうことで合意できています。

2

問題解決

183

ビジネスシーン ❷

他社から似たオファーが来ている。より魅力的な内容にしてもらうよう交渉する。

A：Maria Shriver（JT System 代表）
B：Arisa Kubota（AXT Finance 購買部長）

A：We can offer you 20 CK Model 220 computers for $450 each, this month only.

B：We've seen similar offers from company A and B. Is there anything you can add onto that?

A：You mentioned that you're looking for more secure routers to expand your intranet. We can include those in the package as well. How does that sound to you?

A：20 CK モデル 220 のデスクトップ型のコンピュータを今月に限り 450 ドルでご提供できます。

B：A 社と B 社が似たオファーをしているのを見たのですが…。何か追加できるものはありますか？

A：貴社のイントラネット（企業内ネットワーク）を拡大するためにもっと安定したルーターを探しているとおっしゃっていましたね。そちらもパッケージに含めることができますが、いかがでしょうか。

ここに注目！

❶ **相手を理解する**
❷ **相手へのベネフィット・メリットを提示する**

相手のニーズを理解し、そのニーズを満たすオファーをしています。以前聞いた相手の話を覚えており、相手のことを理解していることも伝わります。さらに、その要望を含めたオファーを提示し、コンピュータ自体の価格は下げられないものの、相手にとってより魅力的なオファーになっています。

15 | 無理な条件の提示に対応する

　その条件に合意することが、あるいはリクエストに応えることが可能なのかどうかをまず判断します。その依頼は正当なものなのか、スケジュールに余裕があるのか、本当に相手の力になりたいと思っているのかなどについて検討します。次に、それを実現するためにできることが他にないかどうかを考えてみます。

　実際に実行できないことは約束しないようにしましょう。信頼は約束したことを実行することで築かれ、できると言っておいて実行しないことで失われます。

　"Never take no for an answer"（ノーという答えを受け入れない、イエスと言うまで諦めない）という表現がありますが、これはよい交渉の姿勢とは言えません。強引に迫る姿勢や、「オファーを断ることは間違いである」と圧力をかける態度をとると、敬意が欠けていると感じさせてしまいます。相手とは対等に話し、交渉する準備ができている姿勢を明確に示します。no と言われてもときにはそれを受け止めて立ち去ることも必要です。取引や話し合いを始める前に、こちら側がどこまでなら妥協できるかを内部で確認し、お互いに納得のいく結論にたどり着くようにステップを踏んで進めます。取引をすること自体が目標ではなく、信頼関係を築き、お互いに敬意を示しながらコミュニケーションを取ることを目指します。

あいづちのつもりの yes は危険

　日本語では「うん」「聞いていますよ」と、あいづちの意味で「はい」と言いますが、これをそのまま yes に置き換えると危険です。英語の yes は「正しいです」「その通りです」「同意します」の意味で捉えられる可能性があります。したがって、yes, yes と連発するとすべてを肯定していることになります。特に交渉などの場面では誤解を招くような言葉や表現には極力注意したいところです。

アプローチ▶

① 時間稼ぎをする

② 時間の猶予や延期をお願いする

③ 柔軟な対応や協力をお願いする

④ 断る

① 時間稼ぎをする

　その場では決断はせずに、決断をするまでの時間を確保します。実際に即決できず、社内の確認や調整が必要なケースもあります。特に海外に本部や本社のある日本支社（日本法人）の場合、本社の承認が必要であったり、（本社でなくても）決定権のある人物の決断や指示が必要な場合もあります。金額や契約と直接関わるようなことでなくても、上司や経営陣の確認や承認が必要なケースもあるでしょう。そのときはいつまで時間が必要かを明確にするとよいでしょう。相手に対して manage expectations（期待値コントロール）することができます。

　また、アメリカでは「間」に対する意識が日本と違い、忍耐性が低いので、答えを出さず黙っていると居心地が悪くなって間を埋めたくなったり、プレッシャーをかけてくる可能性もあります。相手が居心地悪くならないよう、時間が必要であればそう述べる方が気配りにもなり、こちらにも余裕ができます。

成功フレーズ　　　　　　　　　　　　　　　128

▶ I'm afraid that I can't give you an immediate answer.
恐れ入りますが、すぐには答えられません。

▶ Right at the moment, I can't give you an answer.
今すぐにはお答えすることができません。

▷ **This will require further investigation.**

さらなる調査（検討）が必要です。

▷ **Can I get back to you later?**

後で折り返しご連絡（お返事）してもよろしいですか？

▷ **I have to run this by the management committee in our New York headquarters. Could I get back to you tomorrow afternoon?**

ニューヨーク本社の経営委員会を通さなければいけません。明日の午後お返事してもよいでしょうか？

避けた方がよいフレーズ

129

▷ **We (I) can't do that.**

できません。
＊一方的かつぶっきらぼうで、次につながらない言い方。

▷ **I don't know.**

知らない／知りません。
＊ぶっきらぼうで、歩み寄る姿勢も気配りも感じられず、次につながらない。

② 時間の猶予や延期をお願いする

　要求されたことを達成するのが可能な合理的なオプションを計算し、猶予や延期を依頼します。さらに遅れてしまったり再度延期を依頼することになるのを防ぐため、延期の期間は慎重に考えます。迷惑をかけてしまうことを謝り、相手が調整してくれることに感謝を示します。

　実際にお願いするときは、「予想以上に時間がかかっているので、期限の延長をお願いします」と簡単に伝えるだけでもよいでしょう。礼儀正しく、敬意を示しつつも、毅然とした態度で依頼しましょう。

▶ **This is taking more time than we expected, and we'll need an extension of the deadline.**

予想以上に時間がかかっており、期限の延長が必要です。

＊簡潔に明確に理由を示し、延期が必要だと述べている。

▶ **Is there any chance that we could get an extension of, say, two days?**

たとえば2日ほど延長していただくことは可能でしょうか？

＊可能性を聞いている。

▶ **I hesitate to ask, but could we postpone the deadline?**

お願いするのは心苦しいのですが（言いにくいのですが）、締め切りを延期していただけないでしょうか？

▷ **We can't meet the deadline [we agreed on].**

（同意した）期限に間に合いません。

＊直接的すぎて協力的ではない。

❸ 柔軟な対応や協力をお願いする

　条件や期限、要求に対して柔軟な対応が得られるよう働きかけてみます。「〜は可能ですか？」や「こうするとどうですか？」というオープンな聞き方をして、スケジュールにどれだけの余裕があるのかを探ることもできます。この際、相手が無理な要求をしてきたとしても冷静に対応するようにします。相手の依頼や要求に応えられない理由を詳しく説明する責任や必要はありません。もし相手がプレッシャーをかけてきたら、こちらの立場を再度説明しましょう。

成功フレーズ 〔132〕

▶ **Suppose that we ...**

仮に…したら…。

▶ **How about if we ...?**

…するのはどうでしょうか?

▶ **What would happen if we ...?**

…したらどうなりますでしょうか?

▶ **Are you open to the idea of ...?**

…することについてはいかがですか?

▶ **Thank you for the suggestion. Plan A sounds better than plan B. Can I talk with my committee first? I'll get back to you by the end of tomorrow.**

ご提案ありがとうございます。プランBよりもプランAがよさそうです。まず委員会に話してみてもよいでしょうか? 明日中にはお返事いたします。

▶ **Let me check with the committee and see how they feel about it.**

委員会に確認して、彼らの考えを聞いてみます。

④ 断る

　場面09 (p. 101) と同様のアプローチです。ここでは、交渉の文脈で使える表現を紹介します。

▶ Unfortunately, we cannot accept your proposal this time [around].

残念ながら、今回はご提案（企画）を引き受けることができません。

＊this time で「今回は」と述べ、今後の提案については可能性がないわけではないというニュアンスを出すことができる。

▶ I'm afraid we aren't able to offer it to you for that price.

残念ですが、その価格では提供することができません。

▶ I'm afraid there isn't any flexibility in the price.

申し訳ございませんが、価格を調整することができません。

▶ I understand your situation, and I'd really like to help. However, I'm afraid the only offer that we can make is ...

状況を理解していますし、協力したい気持ちでいっぱいです。しかし、残念ながら提供できるのは…のみとなります。

▶ I appreciate your generous offer, but I'm afraid I have to say no this time.

寛大なオファーに感謝申し上げます。今回は残念ながら見送らせていただきます。

▶ I'm afraid I'm not in a position to make this decision.

あいにくこの件に関しては私には決定権がありません。

▶ If it were up to me, I'd like to say yes, but I'm afraid I don't have any say in this decision.

私が決められることであれば、yes と言いたいところなのですが、残念ながら私には決定権がありません。

▷ I apologize for being unable to accept your proposal (request/offer) this time.

申し訳ございませんが、今回はご提案（ご依頼／オファー）をお受けすることができません。

▷ I guess we'll have to agree to disagree for now.

今は意見の相違を認めざるを得ないですね。

※直訳は「同意できないということを同意する必要がある」。

191

ビジネスシーン ❶

チームのメンバーから昇給を検討するようお願いされたがそれが不可能な場合。

A：チームメンバー
B：マネージャー

A : I'd like to ask if I could have an opportunity to review my current salary with you. Would you be open to having a discussion?

B : Well, I know that you've been doing excellent work, but I'm sorry to tell you that we are not going to be able to adjust your salary at this time.

A : 現在の給与についてお話しする機会をいただきたいと思っています。お話しする場をいただくことは可能ですか？

B : 仕事ぶりが素晴らしいのは分かっています。しかし申し訳ないのですが、現時点では給与を調整することができません。

ここに注目！

❹断る
クッション言葉を添えて断っています。すでに共通認識のあるような理由があれば、そのことを提示します。たとえば、会社の業績が理由であれば "due to the firm's performance, we are unable to …" などと表現します。"Let's talk about that later." などと後回しにしたり曖昧にすると相手に期待させてしまいます。Expectation management のためにも早めに明確に回答した方がよいでしょう。

ビジネスシーン❷

商品の価格の値下げの依頼に対応する。

A：購入部／経理部
B：営業部

A：We'd like to ask you to reconsider the pricing of the items we've ordered. Since we have placed a large order, we hope that you can reduce the price per item.

B：Our standard discount is 10 percent off the list price. Would you be willing to accept that reduction?

A：注文した商品の価格について再検討をお願いしたいです。大口注文なので、単価を下げていただきたいのですが。

B：弊社の標準割引は定価の10%です。その割引率に応じていただくことは可能でしょうか？

ここに注目！

❸**柔軟な対応や協力をお願いする**
大口注文ということを理由に値下げを依頼してきた相手に対して、Bは割引率の決まりを説明して対応しています。

16 こちらの譲れない条件に同意してもらう

　交渉の場面には2名以上の当事者がいます。交渉内容のメリットとデメリットの捉え方は人それぞれです。こちらが譲らなければいけないときもあれば、交渉が dead-end に向かう（行き詰まる）ときもあります。同意に達せず、交渉が決裂することもあるでしょう。しかし、その場合でも関係が切れないようにしておきます。今後、別のプロジェクトなどで相手と一緒に仕事をする機会が訪れるかもしれません。交渉が一度上手くいかなくてもお互いに信頼できる関係性を保ちましょう。

　場面16では、上手くいかないまま交渉が終わろうとしていて、もうひとふんばりしたいときのアプローチを紹介します。

アプローチ▶

1. 角が立たないように条件を提示する
2. 相手が強気で反応しても自分の立場を貫く
3. 相手の考えに理解を示す／メリットを説明する
4. 代替案を提示する

1 角が立たないように条件を提示する

　相手には相手の優先順位や価値観、考え方があります。相手がどう感じるか、どうすれば条件に魅力を感じたり歩み寄ったりしてくれるかを考え、相手の立場に立って、自分の立場や条件を明確に述べます。

成功フレーズ　136

▷ Based on the research I've done, $4,000 seems more reasonable.

調べたところ、4,000ドルが妥当かと思われます。

▷ Based on what we know, our best price would be at around $7,500.

私たちが知る限りでは、最適な（相手に提示できる最も低い）価格は7,500ドル程度です。

▷ I think we should be talking something closer to $4,000.

4,000ドルに近い金額になると思います。

▷ Are you open to the idea of ...?

…というアイディアに対してどう思いますか？（受け入れていただけますか／検討していただけますか？）

避けた方がよいフレーズ　137

▷ That's not reasonable.

それは合理的ではありません。

▷ That's incorrect.

それは正しくありません。

❷ 相手が強気で反応しても自分の立場を貫く

　相手には相手の立場を表明する権利があるように、こちら側にも立場を主張する権利があります。交渉は必ずしも zero-sum game（ゼロサムゲーム）ではありません。しかし、いわゆる win-win の結論が必ず得られるとも限りません。また、いわゆる failure to launch（細部まで計画して準備したが、ローンチ〔立ち上げ〕に失敗すること）になる場合もあります。関係者の時間と労力が無駄になってしまうと感じるかもしれませんが、その時点で交渉を打ち切った方が、それ以降お互いの関係が悪化するまで争うよりはよいと言えます。

　「タフなネゴシエーター」と聞くと「自分の欲しいものをすべて手に入れるために、相手に条件をすべて呑ませる人」というイメージが浮かぶかもしれません。しかし実際には、よいネゴシエーターは「ギブ・アンド・テイクが基本で、それでも最後に合意できないこともある」ということを理解しているものです。相手が強気で反応してきても、敬意を示して、相手からも敬意を得られるように接しながら自分の立場を主張しましょう。

成功フレーズ　　　　　　　　　　　　　　138

▶ **I'm afraid we cannot budge on that point.**

　恐れ入りますが、その点については譲れません。

▶ **If that's not agreeable to you, then perhaps we won't be able to reach an agreement.**

　もし（それを）受け入れていただくことができない場合、合意に達することはできないかもしれません。

▶ **We simply cannot negotiate that requirement.**

　その要求については、どうしても対応（交渉）することができません。

▶ **I'm afraid we are not able to offer it to you for that price.**

　申し訳ありませんが、その価格では提供できません。

▷ Our bottom line is that this point is absolutely essential [for making a deal].

この点が（取引をするためには）絶対に必要だという結論です。

▷ I'm afraid there isn't much flexibility in this price. However, I can try taking this to the board of directors and see if we can work something out.

申し訳ありませんが、この価格については柔軟に対応できません。しかし、何か調整できることはないか、取締役会に確認してみます。

▷ I completely understand your position. The problem is that I need to convince my business partners (management committee), and I'm afraid they might not agree to this.

あなたの立場を完全に理解しています。問題は、ビジネスパートナー（経営委員会）を説得しなければいけないことで、同意を得られない可能性を懸念しています。

▷ May I just ask, what is the lowest price you'd take?

伺いたいのですが、合意していただける最低価格はいくらになりますか？

▷ I understand your situation (standpoint), and I'd really like to help. However, I'm afraid the only option we can offer is ...

あなたの状況（立場）は理解していますし、ぜひ協力したいと思っています。しかし、あいにく私たちが提供できる唯一の選択肢は…。

▷ Based on all the research that I've done, it seems that we should be talking something closer to X.

調べた結果を基にすると、Xに近い（価格、交渉内容）を検討するべきだと思っています。

▶ That seems fine to me. I just have to run it by the board of directors and get back to you with the final answer tomorrow.

私はそれでよいと思います。明日、取締役会に確認して最終的な回答をお伝えします。

▶ I wish I could say yes, but I'm afraid I'm not in a position to make that decision.

Yes と言いたいのですが、残念ながら決断できる立場にありません。

▶ I'm afraid I haven't been able to finish the draft yet, so I'm not in a position to send it to you right now. Could you please give me a little more time?

申し訳ありませんが、原稿がまだ仕上がっていませんので、今すぐには送ることができません。もう少しお時間をいただけないでしょうか？

---

❸ 相手の考えに理解を示す／メリットを説明する

　自分の立場を明確に主張することは重要ですが、相手にとっての利益や利点を理解してもらうことも大切です。まず、向こうの立場からこちらの条件や提案がどのように見えているのかを想像し、理解と配慮を示します。今まで考慮していなかった視点を発見することになり、こちらの案を取り入れようという気になるかもしれません。また、利益や利点を説明する際は、押しつけにならないように、そして恩着せがましく聞こえないようにします。そのように振る舞うと相手からの信頼を損ねる可能性もあります。

成功フレーズ　139

▶ **Could you tell me how you see this situation?**

この状況をどのようにご覧になっていますか？

＊相手を理解するために問いかける。

▷ I'd like to have a clear picture of where you're coming from [on this matter].

（この件について、）あなたがどのようにその考えに至ったか理解したいです。

▷ I can understand your position.

あなたの立場を理解できます。

▷ Thank you for all the effort and consideration you've put into this.

多大な努力とご検討いただいたことに感謝いたします。

▷ If we work together, there are advantages on both sides. For example …

もしお互いに協力できれば、双方にメリットがあります。たとえば…。

④ 代替案を提示する

　可能な範囲で柔軟な対応を示し、他の案を提示します。これまで集めた先方の希望や達成したいことなどの情報を基に代替案を考えるとよいでしょう。この際もオープンな表現方法で、選択肢や選ぶ権利があることを感じられる言い方を心がけると、こちらの考えに耳を傾け、受け入れてもらいやすくなります。

成功フレーズ

140

▷ What if we tried …?

…を試してみるのはいかがですか？

▷ I'd like to propose that we …

…を提案したいです。

▷ Could we explore the possibility of …?

…の可能性を探ってみるのはいかがですか？

▶ Can we discuss the pros and cons of ...?

…のよい点とよくない点について考えてみませんか？

▶ I think there are several possibilities, and here is one example ...

可能性がいくつかあると考えています。たとえば…。

ビジネスシーン❶

マネージャーに休暇の申請をしていたのに、その期間に進めなければ間に合わない仕事を振ってきた。休暇について忘れたのか、分かったうえで指示を出してきたのかは不明だが、休暇の予定は変えられないので交渉を試みる。

A：Mike（マネージャー）
B：Yuki

A : Yuki, I need you to put together a summary of the results by September 30th — that's a week from today. Can you handle that?

B : Um, Mike, if you will recall, I requested vacation time during the last week of the month. I believe you said that would be all right when I asked you, two weeks ago. Would it be possible to get the results to you the middle of the following week? Say, October 7th? That will allow me sufficient time to ensure accuracy and quality in the report.

A：ユキ、結果のサマリーをお願いしたいです。期日は1週間後の9月30日ですが、大丈夫ですか？

B：マイク、あの、恐れ入りますが、今月の最終週に休暇を申請しました。2週間前にお願いしたときには承諾してもらっています。たとえば、翌週の半ば、10月7日までお時間いただくことは可能でしょうか？　そうすれば、正確さとクオリティーを達成するために十分な時間が確保できるのですが。

ここに注目！

❶角が立たないように条件を提示する
❸相手の考えに理解を示す／メリットを説明する
❹代替案を提示する

マネージャーは休暇のリクエストを忘れていただけかもしれません。やんわりと "If you recall ..." と前置きしてリマインドしています。そして、期日に余裕を持たせてもらうよう依頼し（代替案の提示）、その方がクオリティーの高い状態でのサマリーが用意できることを伝えています（メリットの説明）。

2

問題解決

ビジネスシーン ❷

Bはクライアント（A）から書類の提出を求められる。要求のすべてには応じられないことを前もって伝える。

A：Trey Johnson（クライアント）
B：Julia Anderson（セールスマネージャー）

A：Ms. Anderson, I hope you can understand that according to our internal compliance requirements, we will need several documents regarding your firm's financial standing.

B：If they are fairly standard documents, we can provide them to you. What specific documents would you require?

A：アンダーソン様、弊社のコンプライアンスの規則に基づき、貴社の財務状況に関する書類がいくつか必要になります。ご理解いただけますと幸いです。

B：標準的な書類でしたら提出可能です。具体的にはどのような書類が必要なのでしょうか？

ここに注目！

❶角が立たないように条件を提示する

すべての要求に応じるのではなく、「提示できる範囲の書類であれば応じる準備ができている」と述べています（こちらの条件の提示）。「○○は提出できません」とできないことを述べるのではなく、「○○は可能です」とポジティブな言い方をしています。

フィードバック

Chapter 3

フィードバックを伝える
(constructive/corrective feedback)

　現場からは「チームメンバーの評価を英語でまとめる必要がある」「Performance Review（勤務評価）はノンネイティブには辛い作業で、表現をもっと知りたい」という声を聞きます。

　「相手がストレスを感じたり、自信をなくしたり、人間関係が壊れてしまうかもしれない」「相手がどう受け取るか分からない」という不安からフィードバックを控えてしまう人もいます。これは、文化や言語の違い関係なく抱える悩みだと思います。しかし、フィードバックには相手を刺激したり、励ましたり、導いたり、professional development（成長）を促したり、いい刺激になるといったポジティブな面もあります。

　また、頻度は組織によってさまざまですが、グローバルな企業には人事評価などのパフォーマンスを評価する正式な機会だけでなく、その都度フィードバックをする文化があります。フィードバックは受け取る本人の成長やお互いの信頼関係の構築、そしてチームの成果に影響します。逆に、フィードバックがないと「自分のパフォーマンスは期待に添えているのかな」と不安になったり、「自分は関心を持たれていない」と思われてしまいます。

建設的なフィードバック（constructive feedback）

　行動やパフォーマンスを改善したりポジティブな結果につなげるための前向きなフィードバックです。アプローチと表現の紹介に入る前に、フィードバックを伝える際の Do's（すべきこと）と Don'ts（すべきでないこと）を紹介します。括弧内の数字はアプローチの番号を示しています。

〔Do's〕

内容

- フィードバックを伝える前に客観的な情報や証拠を集める。個人的な感情や「○○が言っていた」といった第三者からの情報やうわさ話、曖昧な情報など

は基にしない。

- 具体例を挙げる。

- 相手の立場から状況を見て、相手のことを理解する。どのようにその言動に至ったのかジャッジをするのではなく理解しようとする。同じ状況でも人によって見方や解釈、経験、判断に至る理由、気持ちは異なる。

- 個人の人格ではなく相手の言動に焦点をあてて、具体的な内容を述べるようにして客観性を保つ。

- 仕事やチームへの影響について説明する（②）。

- 何を改善するとよいと思うか尋ねるなど、相手の意見や説明にも耳を傾ける（③）。

- フィードバックする側からも提案やアドバイスを伝える（⑤）。

- 一方的に指摘したり「こうするべきだ」と命令のように言うと、相手は責められた気持ちになり、原因の究明や再発を防ぐための方法の模索に目が向かなくなる。相手にフィードバックの内容を理解してもらい、一方的に（変えるべき点を）言われていると感じさせないようにする。自分に必要なことだと捉えてもらい、自発的に改善点を考えるように導く（⑥）。

- 普段の仕事やチームワークなどについて感謝を伝え、期待や励ましの言葉を添える（⑦）。

- 今後の改善や変化のためにサポートすると伝え、そのためにどのようなサポートが必要かも聞く（⑧）。

- 後日フォローアップして、相手がどのように意識して行動したか、変化が見られたかまでチェックする。

伝え方

- 話すための時間や機会を設ける。焦っているときや落ち着かない状況では行わない。十分にこちらの意図が伝わらなかったり、発言しやすい雰囲気がつくれなかったり、適当にやっているという印象を与えかねない。

- 相手が心の準備ができるように前置きをする（①）。

- 対面が理想的（対面が不可能ならビデオ会議、それも不可であれば電話で）。

- オフィスの個室などではなく、他の場所を検討する。緊張感が和らぐ。

- 相手を責めるなどの個人攻撃にならないようにニュートラルな言葉を使う。

- 敬意を示し、丁寧に気遣いの込もった表現を使う。

- ネガティブな点や課題、改善すべき点を伝えるときは励ましや期待の言葉を添える。

- 締めくくりはポジティブに。次につながって前向きになれるようにする（④）。

〔Don'ts〕

内容

- 内容よりも相手個人や人格にフォーカスする。

- 「事実」や「観察したこと」から離れる。

- 相手がどうしても変えられないことに言及する。

- 解決策や改善の方法やアドバイスを示さない。

伝え方

- 相手を攻撃するような言葉を使う／you を使った言い方をする。

  ◦ You didn't ...（あなたは…しなかった。）

  ◦ You made a mistake.（あなたは間違いを犯した。）

  ◦ You told me/him/her that ...（あなたは私に／彼に／彼女に…と言いました。）

- 他の人の前（または他の人が Cc に入っているメール）でネガティブなフィードバックや注意をする。"Praise in public, criticize in private" という言葉があります。「称賛は人の前で伝え、指摘や criticism は1対1のときに、他の人がいないところで言う」という意味です。人前で褒められると、自信につながりますよね。褒められたことを継続する動機になりますし、本人のさらなる成長につながります。また、称賛される言動やパフォーマンスがどのようなものかを周りの人に示すことにもなります。一方で、人前でネガティブなことを指摘されると、自信損失やモチベーションの低下につながります。また、周りの人を萎縮させてしまうかもしれません。

- "you always ..."（あなたはいつも、常に）や "you never ..."（あなたはいつも

…しない）という極端な表現を使う。日本語で「必ず」「絶対に」「いつも」と断言するのを避けるのと同じ。

Tip ネガティブなフィードバックや指摘をするときの言い出しのフレーズ

◆ I noticed that ...
…ということに気がつきました。

◆ I've seen that ...
…が見受けられました。

◆ I'm concerned about ...
…ということを懸念しています。

Tip you から始めない言い方

◆ I から始める
I felt ... / I noticed that ... / I was surprised when ...
…だと感じました／に気がつきました／には驚きました。

◆ 状況や行動にフォーカスする
the situation / the issue / the behavior
その状況／問題・課題／行動

改善点や課題に関するフィードバック（corrective feedback）

　改善すべき点を伝えるフィードバックを corrective feedback（修正型フィードバック）と呼ぶことがあります。指摘をするだけでは批判と捉えられたり、言い方によっては個人や人格を攻撃したり否定していると受け取られる可能性もあります。そうではなく、改善するべきことに相手が自分で気がつき、自ら改善や修正のための行動を起こせるように導き、それをサポートする姿勢を示します。

　これまで紹介してきた「クッション言葉を添える」や「you ではなく I を使う」「事実を客観的でロジカルに述べる」といった方法は corrective feedback でも有効です。内容が相手にとって耳の痛い指摘やネガティブな内容であっても、伝え方を工夫することで受け取り方も変わります。

　フィードバックをするとき、感情的になったり、感じたことをそのまま言ったりすることは避けたいですが、empathy を示すことは大切です。empathy は相手

の気持ちを理解したり共感することです。相手の気持ちや感じていることを想像し、心を開いてもらうのは大事なことです。理解したいとこちらが思っていることが向こうに伝わると、話し合いにも人間関係にもポジティブな影響があります。ただし、相手を理解することと同意することや賛成することは別のことです。

　また、筆者が働いていた外資系企業では、英語でフィードバックをするときに共通するフォーマットがありました。それは話す順番に関するもので、①相手が心の準備ができるように前置きをする、②詳細や背景を説明する、③ポジティブで次につながる言葉で終える、というものでした。場面17ではもう一歩踏み込んだフィードバックのアプローチと表現を具体的に紹介します。

　組織によって正式なレビュープロセス (Performance Review, Annual Review, Performance Evaluation, etc.) の頻度や内容、形式などは異なりますが、その際にも応用できますので参考にしてください。

アプローチ▶

1. 相手が心の準備ができるように前置きをする
2. 仕事やチームへの影響を説明する
3. 相手の意見や説明を聞く
4. ポジティブで次につながる言葉で終える
5. 提案やアドバイスをする
6. 相手が行動を変えたくなるように励ます・サポートする
7. 期待や励ましの言葉を添える
8. どのようなサポートがあると助かるか尋ねる

❶ 相手が心の準備ができるように前置きをする

　ネガティブな内容を伝えることに気が引けてポジティブなことを先に伝えがちですが、聞く側にとってはネガティブなことを聞いてからポジティブなことを聞く方が気持ちは楽ですし、前向きになれます。ポイントは、これからする会話に、相手にとってネガティブな内容（努力が必要な点・改善すべき点）とポジティブな内容（上手くいっている点）が含まれることを前もって伝えることです。また、話をする際は雑談から始めず、速やかに本題に入った方がよいでしょう。最初にちょっとしたスモールトークがあるとアイスブレイクになると思われがちですが、相手は「これから何か大事な話が来るな」と緊張してしまいますし、その雑談に完全には集中できず、不安感が漂います。そして、なぜその話（フィードバック）をするのかを明確にすることも大事です。

成功フレーズ　　143

▶ We're going to look at your performance together to see how you're doing.

○○さんのパフォーマンスを振り返ってみましょう。

▶ I'd like to update you on how you've been performing since our last review.

前回のレビュー以降の○○さんのパフォーマンスについてお話ししたいと思います。

▶ Today, we want to find out if there are any personal issues that are causing concerns. So, let's be honest about how things are.

今日は、個人的な問題が何か影響しているのではないかということで、お話ししたいと思います。今の状況を正直に話してみませんか。

▶ In evaluating your performance, there are some good points and some points that need improvement. Let me start with the places that need improvement. I noticed that …

○○さんのパフォーマンスを評価するにあたり、いくつかのよい点と改善すべき点があります。まず、改善が必要なところから振り返りましょう。気づいた点は…。

プラスαのフレーズ

ミーティングの前に以下のように声をかけてからフィードバックの時間を設定できると、相手は心の準備ができます。ミーティングの目的と経緯、バックグラウンドも簡潔に説明できるとよりよいでしょう。

▶ I was wondering if we could talk a bit about […]. Are you available for a quick meeting this afternoon?

…について少しお話しできればと思っています。今日の午後、少し時間はありますか？

▶ I'd like to get your perspective on […]. Do you have some time this afternoon to talk?

…について○○さんの考え（見方）をお聞きしたいです。今日の午後、少しお話しできますか？

❷ 仕事やチームへの影響を説明する

チームとして成功するためには、メンバーがそれぞれの責任や何を期待されているのかを理解し、その期待にどれだけ応えられているのかを認識し、チーム全体が効率的かつ協調的に仕事ができるようにすることが大切です。誰かが自分の役割を果たさないことで他の人にその影響が及んでしまわないようにバランスを取ることも重要です。期待された仕事を誰かが果たせていなかったり、1人に責任や仕事が集中してしまってチームのバランスが乱れたりしているような事態が見られた場合にはフィードバックの必要があります。1人のパフォーマンスや言動、態度などが仕事やチーム、会社全体に影響することを説明すると、改めないといけないと自ずと気がついてもらえるでしょう。

　また、言動や勤務態度などが会社の values / value principles / core values（企業理念・バリュー・ビジョン・方針・指針・ミッション）に合っていないと説明する必要のあるケースもあります。

　たとえば、企業理念として integrity を掲げていて、本人のパフォーマンスがそれに合っていない場合、そのことに触れるとフィードバックに説得力を持たせることもできます。integrity は法令遵守や社会的責任の遂行といった倫理的な行動に取り組んでいく姿勢や、正直で誠実な姿勢のことです。

　筆者自身、仕事で迷いがあるときや自分のパフォーマンスを振り返るとき、会社の理念に沿っているか、そしてふさわしいかを考え、判断や振り返りをしてきました。

　フィードバックを受けるときも、会社の理念やビジョンと照らし合わせると、自身の仕事や言動を広い視点から見ることができます。また、理念への理解が深まり、働く人それぞれがどのようにその理念の実現に貢献できているかを理解できるようになります。

成功フレーズ　　144

▷ When you're coming to work late, it makes it difficult to start meetings on time.

出社が遅れると、ミーティングを時間通りに始めることが困難になってしまいます。
＊チームへの影響を述べている。

▷ It would be helpful if I could get a heads-up from you whenever [...] so that I could prepare for any necessary coverage or adjustments.

…のときは前もって教えていただけると助かります。そうすれば、仕事のカバーや調整の準備ができます。
＊これまで十分な事前説明や報告がなくて、十分な準備や対応ができなかったときなどに。

▷ **Everyone says you aren't pulling your weight on the job.**

皆あなたが仕事で力を発揮していないと言っています。

＊責めるようなニュアンス。

▷ **You are affecting team spirit.**

チームスピリット（チーム精神、団結力）に悪影響を与えています。

▷ **Mike said that you have been sending personal emails during work hours.**

マイクが、あなたが業務時間にプライベートのメールを送っていると言っていました。

③ 相手の意見や説明を聞く

　一方的に批評する形にはならないように相手の意見や説明にも耳を傾け、相手の視点から状況を理解するようにします。この状況や自分の言動や態度などについて本人はどう思っているか、なぜそうしたのか、そうなったのかをオープンに聞きます。また、本人がフィードバックに対してどう感じているのかを尋ね、どうやって改善しようと思っているのか、また、そもそも改善したいと思っているかを確認します。「チームやマネージャーに言われたから変えないといけない」ではなく、自ら率先して考えて改善していくべき課題だという認識を持ってもらいます。

▶ **Let's be straight up with one another so we can make your job easier to accomplish.**

仕事を達成しやすくするために、お互いに率直に話し合いましょう。

▷ Our discussion is important, because we want to solve any issues that you feel are a problem.

あなたが問題だと感じていることを解決したいので、私たちがこのように話し合うことは大切です。

▷ I'd like to understand your situation better. Could you tell me your perspective on this?

○○さんの状況についてもっと理解したいです。状況をどのように見ているかお話しいただけますか？

▷ How do you see the situation?

この状況をどのように見ていますか？

▷ Could you tell me how you feel about ...?

…についてどう感じていますか？

▷ Could you give me some background on what led you to ...?

…をされた背景について少しお話しいただけますか？
＊言動の理由について理解したいときに。

▷ I can see that this was a stressful situation. Could you tell me more about ...?

ストレスを伴う状況でしたね。…についてもう少し教えていただけますか？
＊最初に相手に理解を示し、受け入れる姿勢を見せる。

▷ Could you elaborate on that?

もっと詳しく教えていただけますか？

▷ What do you think we can do [to make our catch-up meetings more effective]?

（キャッチアップミーティングをもっと効果的にするために）どのようなことができると思いますか？

▶ **Is there anything going on outside of work? Is there anything you'd like to share?**

仕事以外で何かあったりしますか？　何かお話ししたいことはありますか？

＊プライバシーに踏み込んで個人的なことを話すように強制しているのではなく、仕事以外のことが心配や不安の原因となって仕事に影響しているのかどうかを尋ねるのが目的。何か気がかりなことがあったとしても、話したくなければ話す必要はない。

▶ **I wanted to talk with you about this because I know you always do a great job with [...], so I was concerned that perhaps something was going on.**

いつも…に関してはすごく上手くできているので、何かあったのかと思ってお話ししたいと思いました。

＊普段よくできていることが上手くいっていないときに。よくできている点に焦点をあてながら、何かあったのかどうかをオープンに尋ねている。

▶ **I can see that you are frustrated because [...]. Would you be open to sharing more about your feelings?**

…によって不安やストレスを感じていることはよく分かります。どう感じているか、もしよかったらお話しいただけますか？

❹ ポジティブで次につながる言葉で終える

　話す順番についてはさまざまな考え方がありますが、受け取る側からすると、指摘や相手にとってネガティブな内容を先に聞いてからポジティブな言葉を受ける方が気持ちが楽ですし、前向きになれます。ネガティブな内容で終わるとマイナスな気持ちが残り、会話の全体が後ろ向きな印象になり、人によっては引きずってしまい、その後の仕事にも影響します。一方で、ポジティブに終わると次に進む励みになり、指摘やネガティブな内容も改善点として捉えやすくなります。

▶ **How do you feel about what we've discussed?**

話し合ったことについてどう感じていますか？

▶ **How about if we have a follow-up meeting sometime in the next two weeks or so?**

この先2週間後くらいにフォローアップとしてまた話す機会を設けるのはいかがですか？

▶ **Please keep me posted on how things go.**

今後の状況をぜひ報告してください。

⑤ 提案やアドバイスをする

どうすれば改善できるか自分で気づき、自分で解決策を見つけられるように手伝います。一方で、ただ相手にすべてを委ねるのではなく、フィードバックする側も提案やアドバイスを用意します。これをしないと、一方的なフィードバックに思われたり、今後どうすればよいか分からず困ってしまうかもしれません。また、「具体的な改善方法は考えてくれていないんだ」、「私の成長には関心がないのか」と思われてしまう可能性もあります。相手の成長を気にかけ、上手くいくように願っていることが伝わるための大切なアプローチです。伝え方のポイントは押しつけないことと、オープンな表現を心がけることです。お互いの意見を尊重し、双方が納得のいく方法を模索しましょう。

必要に応じてスキルアップやマネージメントなどの研修を検討することも話し合えるでしょう。

▶ **I understand what you're saying. It would be helpful if you [...]. Would that be possible?**

おっしゃっていることはよく分かります。…していただくと助かるのですが、可能でしょうか？

▶ **Would you consider ...?**

…を考えてみませんか？

▶ **Have you thought about ...?**

…について考えたことはありますか？

▶ **How do you feel about ...?**

…についてどう感じますか？

▶ **How can I support you [with this]?**

何をすれば（この件で）サポートになりますか？

▶ **How can I help you [make this change]?**

何をすれば（改善の）助けになりますか？

▶ **Since our last review, your team has been slow in attaining its goals. What do you think might be the reasons for this?**

前回のレビュー以降、あなたのチームは目標達成が遅くなっています。理由は何だと思いますか？

▶ **We're trying to keep everyone's workload fairly reasonable. Do you feel that it is appropriate?**

チーム全員の仕事量のバランスを妥当なものにしようとしています。今の分担は適切だと思いますか？

▶ **I think you will do really well if you ...**

もし…をすればさらにパフォーマンスが上がると思います。
※前向きになれる言い方。

▶ **It would be really helpful if you [...]. That way, we can work better together and be a stronger team.**

…していただけるととても助かります。そうすれば、チームが強くなり、お互いによりよく仕事ができます。

▶ Going forward, please let me know if you have things going on and need adjustments at work. It would help us make things easier for you and also work well as a team.

今後、何か職場で調整が必要になったら教えてください。あなたも働きやすくなりますし、チームとしても上手くいくようになります。

＊状況を報告するようになると、どのようなよい影響があるのかを伝えている。

149

3

▷ Here's what you need to change.

○○さんが変えるべきなのはこの点です。

▷ You need to ...

…しなければいけませんよ。

▷ I want you to ...

あなたに…してほしい。

＊いずれも一方的で命令調。相手に余裕を与えていない。

❻ 相手が行動を変えたくなるように励ます・サポートする

　これまで触れてきたポジティブな点を強調し、"you could be doing *even better if you ...*"（もし…すればさらにパフォーマンスが上がると思います）のように前向きな言い方で伝えます。さらに、その話し合い（フィードバックの時間）で終わるのではなく、その後にも継続的に相談に乗り、サポートをすることを伝えます。

▶ I know that you are always careful with time management and you are usually ahead of things, so I just wanted to check in with you to see if there was something going on that I might be able to help with.

いつもあなたは時間管理に気をつけていて、物事を先回りしているので、何かあるのではないか、私に協力できることはないか、と考えていて、状況を確認したいと思っています。

※相手の仕事が遅れ気味になっていたり、期限通りにアウトプットできていないときに。相手のよい点（普段からタイムマネジメントできていること）を評価しながら、最近の傾向に気になる点があることを述べ、協力・サポートする姿勢を示している。

▶ I hope you'll keep up the good things you're doing, make the few minor changes we've discussed, and show how well you can handle things.

これまでの上手くいっているところはこれまで通り続けながら、今話し合った小さな変更点を実行してみてくださいね。それが、○○さんが上手く対応できることを証明することにもつながります。

※最後に相手への期待と希望を込めた励みの言葉を添えている。

▶ If you have any further issues like those we have discussed, let me know and we can set up another catch-up anytime.

今回話し合ったような問題や課題がまたあれば、いつでも声をかけてくださいね。またキャッチアップしましょう。

❼ 期待や励ましの言葉を添える

　会話の終わり方はとても重要です。批判だけされて終わったという印象やネガティブな雰囲気で終わると、その後引きずってしまう可能性もあります。今後の昇進や昇給について誤った期待を持たせてはいけませんが、相手がよりよく、効率的に自分の責任を果たし、自身の能力を最大限に発揮して活躍することへの期待と応援の言葉を伝えます。

▶ I hope you'll use this opportunity to take a step forward. You're an important part of the team, and we want to see your leadership skills stand out.

これを機会に、ぜひ一歩踏み出してほしいです。○○さんはチームの重要な一員ですし、私たちはあなたのリーダーシップ力をさらに際立たせたいと思っています。

▶ I'm really glad we had the chance to talk things over.

話し合う機会があって本当によかったです。

❽ どのようなサポートがあると助かるか尋ねる

どのようなサポートが役立つか尋ねます（⑤でこちらから提案することもできます）。チームに支えられていると本人が感じられることが大切です。

▶ Let me hear from you from time to time.

たまに連絡をください（お話ししましょう）。

▶ Anytime you want to check in with me, let me know. That's why I'm here.

いつでもよいので、お話ししたいときは連絡ください。そのために私はいるのですから。

▶ How can I support you?

どのようなサポートがあるとよいですか？

▶ Let's discuss what we can do to change things. We can consider flexible work arrangements.

何を変えられるか話し合いましょう。たとえばフレックスタイム制を検討することができます。

ビジネスシーン ❶

ビジネスシーン ❶

締め切りに間に合わない状況が続くチームメンバー（ジョン）にフィードバックする。

We need to find a way for you to meet deadlines a little better. If you fall behind schedule, that affects everyone else. We can't keep doing that. If you need help, please let me know right away. Don't wait until it's too late to get someone to help you. Remember, this is a team effort.

もっと締め切りを守れるような方法を見つけなければなりませんね。ジョンが遅れるとチームの他の人にも影響が及びますし、その状況が続くのは避けなければいけません。何か困ったことがあればすぐに私に知らせてください。手遅れになるまで待たずに、誰かに助けてもらいましょう。チームでやっている仕事であることを忘れないでください。

ここに注目！

❷仕事やチームへの影響を説明する
❺提案やアドバイスをする
❻相手が行動を変えたくなるように励ます・サポートする

本人だけの問題ではなく、チーム全体にも影響すると述べています。そこで、状況の深刻さに気づいてもらいつつも「遅れないように」と一方的に言うのではなく、間に合わないことに気がついたり、困っていることがあるなら速やかに知らせるようにと言っています。サポートする姿勢が伝わりますし、助けてもらえるという安心感が得られるため、今後締め切りに間に合わないと感じたときは1人で抱え込まず、助けを求めやすくなるでしょう。

154

チームメンバー（クリス）の問題ある言動を注意する。

You may not be aware of it, but recently, your attitude has sometimes been affecting the people in your team. That makes others less cooperative. I don't mean to pry, but is there something going on inside or outside of the office that is frustrating you? If there's something inside, then tell me and let's talk through it. Maybe we can find a way to solve it.

気づいていないかもしれないのですが、クリスの最近の態度がたまにチームの人たちによくない影響を与えていることがあります。こうなると、みんなチームとして協力的に仕事をするのが難しくなります。詮索したいわけではないのですが、職場かプライベートで何か気になっていることがあったりしますか？　もし職場内で何かあるのなら私に話してください。話し合えば解決の糸口が見つかるかもしれません。

ここに注目！

❷ **仕事やチームへの影響を説明する**
❹ **ポジティブで次につながる言葉で終える**
❺ **提案やアドバイスをする**
❻ **相手が行動を変えたくなるように励ます・サポートする**

チームへの影響を気づかせていると同時に、その原因を一緒に考えたいという姿勢を示しています。態度について指摘するだけでなく、解決に向けた話し合いになっています。冒頭はストレートに述べていますが、話しやすくする雰囲気を作り、一緒に状況を改善しようという姿勢が感じられます。

ビジネスシーン ❸

作業を完璧に仕上げようとして時間をかけすぎている。一方で、プレゼンは上達している。

A：Joyce（マネージャー）
B：Miho（チームのメンバー）

A : I noticed that you spend a lot of your time editing slides. I understand that you're working hard to make them look organized and professional, and I appreciate your effort. That said, I want to make sure that you are using your time and energy in the most efficient and productive way.

B : I understand.

A : So, I'm wondering if you would consider working on the slides until you think they are 80 percent done, and pass them on to me for review. Then, you can move on to working on other things. If there's anything with the slides that needs to be changed, I can let you know. How does that sound?

B : That would be helpful. Thank you.

A : Great. Also, I wanted to highlight your progress with your presentation skills. I noticed that you took the initiative and registered for the presentation workshop, and that you've been practicing a lot. Great job with that, and I hope you'll keep that up.

B : Thank you for your kind words, Joyce. It means a lot.

A : スライドの編集にたくさん時間をかけていることに気がつきました。きれいでプロフェッショナルに見えるように努力しているのは理解していますし、努力してくれて感謝しています。ただ、時間とエネルギーを最も効率的で生産性のある方法で使っていただきたいです。

B : はい、分かります。

A : そこで、スライドを80%くらいの完成度だと思うところで一旦私に確認のため

に送ってほしいんです。そうすれば、ミホは他の仕事に移れますよね。もしスライドに変更が必要であればお知らせします。このアプローチ、どう思いますか？

B：それは助かります。ありがとうございます。

A：よかったです。あと伝えたかったのですが、ミホのプレゼンテーションスキルがよくなっていますね。自ら進んでプレゼンのワークショップに参加していたり、たくさん練習を重ねたりしていますよね。素晴らしいですし、この調子で続けていただきたいと思います。

B：優しいお言葉をありがとうございます。うれしいです。

ここに注目！

❹ **ポジティブで次につながる言葉で終える**
❺ **提案やアドバイスをする**
❻ **相手が行動を変えたくなるように励ます・サポートする**
❼ **期待や励ましの言葉を添える**

相手の改善すべき点について述べた後に上手くいっている点を伝えており、ポジティブな雰囲気で会話を締めくくることができています。改善点についても、「こうするのはどうか」と提案する形なので受け入れやすくなっています。そして、努力が無駄になっているように感じさせることなく、努力が成果につながっていること（クオリティーの高いスライドを作れていること）、そしてその努力に対する感謝を述べています。ミホが自ら努力の向け方と仕事の仕方を変えようとしたくなる伝え方になっています。

ネガティブなフィードバックに対応する・リカバーする

仕事のパフォーマンスや言動について指摘やフィードバックを受けるとき、ネガティブに受け止めて感情的になって怒ったり、否定したり、defensive になる（自分の立場を守る・自立の立場を弁解しようとする・身構えてしまう）などの反応をしてしまうと、話し合いや状況がネガティブな方向に向かう可能性があります。責任転嫁をしたり、他の人のせいにしたりすると相手の信頼を損ねかねません。

また、あなたの成長のために結果につながるようなフィードバックをした側としては、そのような反応をされると、もうこれ以上フィードバックをしたくないと思ってしまうかもしれません。マネージャーなどの立場であれば、フィードバックは責任の範囲内です。反応の仕方次第では、「成長する意欲や向上心がない、人の意見を聞き入れない」という印象を持たれてしまい、成長への期待度が下がり、信頼も薄れてしまう可能性があります。

ただ、ときにフィードバックの背景や意図が明確ではない場合があるのも事実です。悪意や攻撃的なニュアンスを感じたり、フェアではなく批判的または屈辱的に感じたり、人格を否定しているような印象を受けることもあるかもしれません。

いずれにせよ、フィードバックの内容と相手の意図をどう解釈するかによって反応が変わるのは自然なことです。このことを意識しておくと、どう受け止めて解釈・反応するか慎重になれるのではないでしょうか。

> 筆者は以前マネージャーからパフォーマンスについて指摘されたとき、「私はできない人だ」「I'm not good enough（私はまだまだダメだ、不十分だ）」と思ってしまっていました。自信をなくし、その後のアウトプットやパフォーマンスにも影響が出るという負のスパイラルに陥っていました。やがて、それは仕事とチーム、会社にもネガティブに影響してしまうことに気がつきました。自分のことで精一杯になって、周りや仕事のことにまで配慮が行き届かないのは、申し訳ないことだと思うようになりました。
>
> また、もう1点気がついたことがあります。それは「マネージャーやチームはフィードバックの対象（パフォーマンスや改善するべき点）と私個人（人格）を分

けて考えている」ということです。このことは、1-on-1 のミーティングなどでパフォーマンスに対する指摘が終わると、気まずい雰囲気が続くわけではなく、マネージャーの声のトーンも態度も切り替わって別の話題になったり、ランチに誘ってくれたりしたことが何度もあったことからも分かりました。

　それ以降筆者は、自分の解釈が思い込みではないか、向こうの意図を理解しているか、相手の発言に勝手に意味を持たせていないか、を考えるようになりました。

　ところで、「個人の人格と言動への評価を切り離して考える」という考え方は、場面11「反対意見を述べる／反論する」（p. 128）で紹介した agree to disagree のマインドセットに通じるものがあります。Agree to disagree の精神とは、反対の意見を持つこと自体に賛成・同意すること、反対意見を尊重することでしたね。

　話を戻すと、仕事やチームのためだけではなく、私の成長のためにフィードバックをしてくれているということに気がついてからは、「改善していきたい」「チャレンジしたい」という前向きな気持ちで受け入れられるようになりました。成長を期待して丁寧にフィードバックしてくださったマネージャーの方々には心から感謝しています。

　フィードバックの捉え方（解釈の仕方）や反応の仕方、フィードバックから何を学ぶか、どのように次につなげるかは自分次第です。指摘されて落ち込んで成果が出ないという負のスパイラルに陥る傾向のある人は以上のことを意識してみてはいかがでしょうか。

アプローチ▶

1 フィードバックを受け止める・感謝する

2 フィードバックの理由や根拠、具体例を尋ねる・理解しようとする

3 改善する方法を述べる／改善点やアドバイスについて尋ねる

❶ フィードバックを受け止める・感謝する

　フィードバックを受けたとき、自分にとってネガティブな内容だった場合でも、それが自分にとって前向きなもの（事実であり、自分の成長や改善につながる内容や指摘）であれば、素直に受け入れて感謝します。

　一方で、内容が受け入れがたい場合（根拠がない、一方的な非難である、理不尽である、ネガティブな意図があると感じる場合）、怒りを覚えるのは自然なことです。その際は怒りに任せて反発したりするのではなく、②や③のように具体例やバックアップする証拠を提供してもらいます。

　その場でどうしても冷静になれない場合は、落ち着くまで時間の猶予をもらうとよいでしょう。以下のように相手に伝え、落ち着いたときと場所を選んで話をします。

I'm sorry, would you mind letting me have a moment to myself, and could we talk a bit later?
恐れ入りますが、少し1人になる時間をいただき、のちほどお話ししてもよいですか？

Is it OK if I give that some thought and get back to you?
少し考えてからあらためてお話ししてもよろしいでしょうか？

成功フレーズ　　　　　　　　　　　　　　　　　156

▶ Thank you for your feedback.
　フィードバックをいただきありがとうございます。

▶ I appreciate your feedback.
　フィードバックをいただき感謝しています。

▶ Thank you for your honest feedback.
　正直な（誠実な）フィードバックをありがとうございます。

226

▶ Thank you for sharing your thoughts (suggestions).

意見（提案）をシェアしていただきありがとうございます。

▶ Thank you for taking the time to share your feedback.

フィードバックをシェアするためにお時間いただきありがとうございます。

▶ I hadn't considered looking at things that way. Thank you for sharing your thoughts.

そのような見方をしていませんでした。意見をシェアしていただきありがとうございます。

❷ フィードバックの理由や根拠、具体例を尋ねる・理解しようとする

　フィードバックを受け止めて適切に反応や対応をするためにも、内容を正しく理解することが重要です。明確ではない部分があれば尋ね、具体例などを挙げてもらいます。一方的な批判や判断（決めつけ）、屈辱的なコメント、人格に関するコメントではないか、そしてフェアな内容かどうかを判断する材料になります。もし具体例や根拠が出てこなかったり納得しがたい内容だったりすると、相手の考えが誤っている、あるいは状況やこちらのことを誤解している可能性もあります。その場合はその考えや誤解を解き、話し合う機会だと捉えることもできます。場合によっては場面19 の（批判などに対応する）アプローチを取ることもできます。より広い観点から見ると、相手が求めているパフォーマンスや仕事に対する姿勢、コミュニケーションの傾向などについて理解する機会とも捉えられます。

　たとえば、マネージャーとのフィードバックセッションを重ねてくると「この人はこのようなコミュニケーションスタイルで、このようにフィードバックをするスタイルなのだ」と理解できるようになり、たとえ少々厳しい口調で話していたとしても個人的な攻撃をしているわけではない、と捉えられるようになります。一緒に仕事をするうえではこのように相手を理解することは重要ですし、人間関係を深めることにもつながるでしょう。

▶ I'd like to make sure that I understand correctly. You are saying that [...], is that right?

正しく理解していることを確認したいと思います。…とおっしゃっているということで合っていますか？

▶ Could you share with me some examples of ...?

…について、いくつか例を教えていただけますでしょうか？（たとえばどういうときでしょうか、たとえばどういうことでしょうか？）

▶ Could you help me understand why you think that ...?

なぜそう思われるのか教えていただけますでしょうか？

予想外のフィードバックのとき／理解しがたい内容のとき

▶ Hmm, this is a bit unexpected. Could you tell me why you think that way?

なるほど、少し予想外です。どうしてそう思われるのか教えていただけますでしょうか？
＊少々驚きを示す。Hmm でワンクッションおくと自然に驚きを示せる（会話の場合）。

▶ I see. I actually hadn't thought of things that way. [Could you please give me an example or two?]

なるほど、実はそのように考えていませんでした。（例を1つか2つ挙げていただけますでしょうか？）

▶ I was a bit surprised by what you said.

今おっしゃったことに少し驚いてしまいました。

▶ I'm not sure what to say. Could you please give me a moment while I gather my thoughts?

なんと言えばよいか分かりません。考えるために少し時間をいただけますでしょうか？
＊すぐに反応できず（または反射的に対応しないようにするために）時間が欲しいときに。

▶ **I think I need some time to think about what you just said.**

今おっしゃったことについて考えるため、少し時間が必要かもしれません。

＊相手が言ったことについて考え、理解し、消化するために少々時間をかけたいときに。反射的に反応したくないときに。

▶ **I'd like to think about this a bit further.**

もう少し考えたいと思います。

避けた方がよいフレーズ

158

▷ **Are you saying that I'm ...?**

私が…だというのですか？

＊トーンにもよるが、怒っているときに言うことが多く、決めつけた言い方なので避ける。

▷ **I never do that.**

私はそんなことしません。

＊否定したりフィードバックを受け止めない姿勢を見せたりすると相手に疑問を持たれる。

▷ **What's wrong with my work (behavior)?**

私の仕事（言動）の何が問題なのですか？

❸ 改善する方法を述べる／改善点やアドバイスについて尋ねる

　フィードバックを受けたら、どのようにパフォーマンスや言動を改善できるか、どうやって同じようなミスや状況を防ぐか、どのように次のステップに進むかなどを考え、意見を共有します。相手はこちら側が自ら考えることを期待しているかもしれませんし、その方が成長や改善への意欲が伝わります。または、向こうの方から提案やアドバイスを共有してくれるかもしれません。もしそのような提案がなく、相手の観点や期待していることを理解したい場合は、向こうの考えている改善の方法を尋ねます。特にフィードバックの内容に全面的には納得できていない場合は、相手の考える改善方法を尋ねることがその内容の理解のきっかけになります。

尋ねる

▶ How would you suggest that I make this change?

この変化のためにどうすればよいと思われますか？

▶ Would it be better if I ...?

…するのがよりよいと思いますか？

▶ Is there a better way to ...?

…するのによりよい方法はありますか？

▶ I can't seem to figure out [...]. What would you suggest?

…がなかなか分からないようです。ご提案などありますか？

▶ I'd like to hear more on this. Would you be willing to go into this a little further?

もう少しこのことについてお聞きしたいです。もっと教えていただけますか？

述べる

▶ I'd like to learn how I can improve.

どうすれば改善できるか知りたいです。

▶ I'm wondering if you could help me think of how I can change my behavior.

自分の行動を変えるにはどうしたらいいのかを考えるにあたり、アドバイスをいただけないでしょうか？

▶ I reflected on (thought about) what you said, and learned (realized) that ...

言われたことを振り返り（考え）、…だと学びました（気がつきました）。

▷ From your feedback, I realized that [...]. From now on, I will ...

フィードバックをいただき、…だと気がつきました。これからは…します。

マネージャーの指示通りに進めたが、納得のいかないフィードバックを受けたため、その意図を理解しようと試みる。

A：Kelly（マネージャー）
B：Yuna

A：You need to …

B：OK, Kelly, I believe I've done what you asked me to, and submitted it on time. So I'm confused. Could you let me know how you think I can change this?

A：Well, I was hoping that […]. But I realize that […] can be a challenge. I'd like you to put more effort into […]. Would that be possible? If that doesn't work, then please make sure to give me a heads-up so we can remedy the situation earlier.

A：あなたは…しないといけません。

B：ケリー、私はいただいた指示の通りにして、時間通りに提出をしたので、（そのフィードバック／指摘を受けて）ちょっと混乱しています。これをどう変えればよいと思われているか教えていただけますか？

A：まぁ、…を期待していました。でも、…が難しいことは分かりました。…にもっと努力を向けていただきたいと思います。それは可能でしょうか？　もし上手くいかないようでしたら私に早めに知らせてください。そうすれば早めに修正できます（状況を改善できるように動けます）。

ここに注目！

❷フィードバックの理由や根拠、具体例を尋ねる・理解しようとする
❸改善する方法を述べる／改善点やアドバイスについて尋ねる

まず、マネージャーが示していた expectation（期待）と期限の通りに仕事を進めたユナは、冒頭のフィードバックを受けて驚きを示しています。指示や期待通りのアウトプットを達成したことを述べると同時に、冷静に思っていることを伝え、どのようにすればよかったかを尋ねています。この質問によってフィードバックの背景や理由を知ることもできます。

ビジネスシーン②

マネージャーから予想外の指摘を受け、感情的に反応してしまった。数時間後、
マネージャーの個室オフィスに話しに行く。

A：Jun
B：William（マネージャー）

A：Hi, William. May I come in?

B：Sure, come on in.

A：Thank you. Well ...(pause) I wanted to apologize for reacting emotionally to your feedback. It was unexpected and I failed to reflect on my own performance objectively, so I also reacted defensively. I'd like to understand more about how you see things. Could you please tell me a bit more about how you see things?

B：Of course. Please have a seat.

A：こんにちは、ウィリアム。入ってもいいですか？

B：もちろんです、どうぞ。

A：ありがとうございます。実は…〔間をおく〕先ほどいただいたフィードバックを受け、感情的に反応してしまったことをお詫びしたいと思いました。予想外のことだったのと、自分のパフォーマンスを客観的に振り返ることができず、自分を守る反応をしてしまいました。どのように（状況や言動を）見ているかもっと理解したいと思います。少しお話しいただいてもよろしいでしょうか。

B：もちろんです。どうぞ、おかけください。

❶**フィードバックを受け止める・感謝する**
❷**フィードバックの理由や根拠、具体例を尋ねる・理解しようとする**

最初は感情的になってしまいましたが、時間をかけて考えたことによって指摘を受け止められるようになったことを述べています。また、完全には納得していない部分もあるが、ウィリアムがどのようにそのフィードバックをするに至ったのか、その背景や考えについて具体的に聞く姿勢を見せています。ウィリアムの受け答えからもオープンに話し合う姿勢や余裕が見られます。この後、お互いがオープンに話し合い、前向きで建設的な話に向かうことが予想できますね。

19 問題や間違いの指摘・批判に反応する

　フィードバックとは少し異なるタイプの指摘や批判を受けたときの反応の仕方を見ていきます。反対意見を述べるときと同様に、その後のコミュニケーションや相手との人間関係に影響するため、反応の仕方には気を配りたいところです。

　間違いの指摘を受けると焦ってしまったり、申し訳ない気持ちになったり、自分に対して否定的になったりするかもしれません。しかし、間違いや失敗から学ぶこともありますし、その指摘のおかげで新たな気づきを得たり、修正や改善の機会になることもあります。

　間違いや失敗から学ぶのと同じように、まずは受け止めます。そして、この場面で紹介するアプローチ②で、相手が意図したこととこちらの理解が一致しているかを確かめて、学ぶべき点があれば改善につなげます。

　一方、相手のコメントや批判にネガティブな意図がある可能性も否定できません。権力や地位を振りかざす、自分のレピュテーション（評判）を上げるためにこちらを利用するなど、自己中心的な動機から発せられることもあります。そのときどきで対応を慎重に判断する必要がありますが、それでも感情的に反応することはまず避けた方が賢明でしょう。建設的ではあるものの耳の痛い意見を言われたときと同じように、②のアプローチを通してどうしてそのような考えを持ったのか、何を根拠にそのように言うのかを理解するよう努めるのがよいでしょう。得た情報を基に、こちらから追加の説明をしたり反対意見を伝える必要があると感じた際は、相手の考え方や状況を変えるチャンスになります。明らかに不適切な言葉を言われた場合の対処法については、場面23（p. 275）を参照してください。

　反論して相手を説得したり論破したりするのではなく、相手の意見や考え方にオープンになり、学ぶ姿勢で向き合います。感情的になって反論するのではなく、状況を改善する姿勢、共通した理解にたどり着くようにする姿勢、人間関係を修復するように協力する姿勢が大事です。

　相手の立場や目線で物事を見る姿勢はこの場面でも効果的です。意見の違いの背景には経験の違いもあります。経験の差を埋めることは難しいですが、理解の違いを埋めようとするためにコミュニケーションを重ねることは大切です。反応の仕方によっては建設的な話し合いにつながり、相手にとっても学びの機会になるかもしれません。

❶ 指摘を受け入れる／フィードバックとして受け止めて感謝する

❷ 理由を聞く／相手の状況への理解や考えを説明してもらう

❸ （誤解の場合）意図や事実と異なっていると伝える／丁寧に反論する

❶ 指摘を受け入れる／フィードバックとして受け止めて感謝する

　間違いや問題を指摘されたときは、反射的に否定したりや守りに入るのではなく、ひと呼吸おいてみましょう。まず感謝の言葉を伝えると相手の言葉を受け止めたサインにもなりますし、次の反応を考えるための時間的な余裕もできます。謙虚に受け入れて改善する意欲を持って学ぼうとする姿勢が伝わると、会話の緊張感が和らぎ、建設的なやり取りになり、相手との関係性も深まるかもしれません。「指摘に感謝し、その場で修正する」、「今後のアクションや対策を伝える」、「追って（正しい情報や改善したアウトプットについて）報告すると伝える」など次につなげられるとよいでしょう。

　覚えておきたいのは、「受け入れること」は必ずしも「同意・賛成すること」とイコールではないということです。この「受け入れる」姿勢は、反対意見を言うとき、自分の意見を持ちながら他の人の意見に耳を傾けて（必ずしも同意や賛成をしていなくても）受け入れる姿勢が大切なのと同じです。

　場合によっては余計なお世話と思うような指摘や「提案」「アドバイス」の体裁をとった指摘や批判もあるかもしれません。その場合も冷静で diplomatic かつ丁寧に対応します。応用できる表現を紹介していますので、以下を参考にしてみてください。

成功フレーズ　162

▶ **Thank you for pointing that out.**
ご指摘いただきありがとうございます。

▶ **Thank you for pointing out the error.**
間違いをご指摘いただきありがとうございます。

▷ **I appreciate your pointing out the error.**
間違いを指摘してくださってありがとうございます。

▶ **Thank you for alerting me to that problem.**
問題に気づかせてくださってありがとうございます。

▷ **Thank you for raising (flagging) that.**
ご指摘いただき（注意すべき点をお知らせいただき）ありがとうございます。
＊ flagging は注意を向けるために印をつける・伝える・指摘をするニュアンス。

▷ **I wasn't aware of that.**
意識していませんでした（気づいていませんでした、知りませんでした）。

▷ **I will make the corrections as soon as possible.**
早急に修正いたします。

▷ **I will look into this and get back to you.**
調べてご連絡いたします。

▷ **I'd like to hear your thoughts on how I could avoid the problem.**
どのように問題を防げるかについてご意見をお聞きしたいです。

▶ **How would you suggest I deal with that if it happens again?**

再度起きた場合、どのように対応するとよいでしょうか？

＊提案やアドバイスを尋ねている。

批判を受けたとき

▶ **I see, so what you're saying is [...]. Is that correct?**

なるほど、では…とおっしゃっているのですね？

＊パラフレーズをして理解が正しいか確認し、次の反応やアプローチを考える。

▶ **I understand your comment to mean [...], but please correct me if I'm wrong.**

今おっしゃったことは…という意味だと理解していますが、もし違ったら教えてください。

＊発言の意味を確認でき、相手の話を聞いていることも伝わる。

▶ **Thank you for your honesty.**

正直に（言ってくださり）ありがとうございます。

▶ **I understand what you're saying. Thank you.**

おっしゃっていることは分かります。ありがとうございます。

▶ **Thank you for your feedback (comments). That gives me something to think about.**

フィードバック（コメント）いただきありがとうございます。考えさせられます。

▶ **I never saw it that way. Thank you for telling me.**

（このことについて）そのように考えたことはありませんでした。教えて（話して）くださってありがとうございます。

▶ **I see, I hadn't thought of it like that before.**

なるほど、そのように考えたことはありませんでした。

＊相手の意見を受け入れていることが伝わり、相手もオープンになる。新しい視点をもたらしたのだと分かり、伝えたことに意味があったと感じる。

▶ **Thank you for your letting me know [but I think I'm fine with what I'm doing].**

教えて（話して）くれてありがとうございます（でも〔今のままで、今やっていることのままで〕大丈夫です）。

＊あまり歓迎できないアドバイスに対して。

▶ **I'm aware of the situation now. Thank you, though.**

この状況は把握しています。でもありがとうございます。

＊第1文は I'm aware of what I'm doing now.（自分がやっていることは分かっています）でもよい。

避けた方がよいフレーズ （163）

▷ **That's not true.**

それは違います（正しくありません）。

▷ **I never said that.**

そう言ったことはありません。

▷ **You're wrong.**

あなたは間違っています。

＊you を使っていて攻撃的で責めているニュアンス。

▷ **Where did you hear that?**

どこで聞いたのですか？

▷ **Who told you that?**

だれがそう言ったのですか？

　納得しづらい指摘や受け入れがたい批判にとっさに反応すると感情的になってしまう恐れがあります。相手の発言を誤って解釈した可能性もあるので、まずは自分の理解が正しいかどうかを確かめます。誤った理解や解釈を基に反応することを防げるだけではなく、反応する前にワンクッションおくこともできます。正しく理解しているか確認する際、相手の発言をパラフレーズするアプローチもあります。その際はアプローチ①で紹介した "So you're saying that [...], am I correct?" のような表現が使えます。

　フィードバックを受けるときのように（p. 224）具体例を挙げてもらうとより深い理解につながりますし、相手がその発言や考え方に至った背景を知ることもできます。相手が感情的になっているときは特に話す時間と余裕を与えることで落ち着く場合があります。そしてその間にこちらは理解を深め、冷静になり、次の反応の仕方を考える余裕もできます。背景を理解することによって自分の解釈が変わる可能性もありますし、適切な反応の仕方を考えることもできます。

成功フレーズ　　　　　　　　　　　　　　　　　　　164

▶ **I see. Could you help me understand why you think that?**

　なるほど。どうしてそう思われるのか教えていただけますか？

▶ **What leads you to say that?**

　どうしてそのように思われるのですか？

▶ **Could you explain a bit more about how my actions impacted you?**

　私の行動があなたにどのように影響をしたのか、もう少し説明していただけますか？

避けた方がよいフレーズ

▷ **How could you think that way?**
どうしてそのような考え方ができるのですか？
＊「よくそんな考えができますね」のニュアンス。

▷ **So?**
それで？／だから？

▷ **I don't get it.**
理解できません。

❸（誤解の場合）意図や事実と異なっているとを伝える／丁寧に反論する

　相手の言葉に耳を傾けてその背景も理解したうえで、その指摘や意見が事実と異なると確信できたら、丁寧に自分の立ち位置や考えを伝えます。大事なのは自分の方が正しいと主張したり相手を論破したり「勝負に勝つ」と捉えるのではなく、共通の認識に至ることを可能な限り目指して今後も続いていくような関係性を築くことです。協力し合う姿勢で、お互いを理解し合える状態にたどり着けるとよいですね。

成功フレーズ

▶ **Thank you, but that's not the case.**
ありがとうございます、でもそういうことではありません。
＊相手の理解が誤っていたり、責任を押しつけられたりしたときに。

▶ **I'm afraid that's not true.**
恐れ入りますが、そうではありません。

▶ **I'd like to explain.**
説明させてください。

▶ I could be wrong, but ...

間違っているかもしれませんが…。

＊自分の意見に自信がないとき、断言の度合いを下げたいときに。相手が受け止めやすくなる言い方。

▶ It could be that ...

…の可能性もあります。

＊「可能性がある」という言い方をすることで反論のニュアンスが柔らかくなる。相手が強く主張していた場合でも、このような柔らかい控えめな言い方をすることで相手もこちらの意見を受け入れようという気になる（前向きに検討する気になる）可能性がある。

避けた方がよいフレーズ　　　　　　　　　　　　167

▷ What's the problem?

何が問題なのですか？

＊挑発的で失礼。

ビジネスシーン❶

168

プレゼンの途中で発言を批判される。役員を含む大人数が同席しているため、焦らず落ち着いた姿勢で誠実に対応したい。

A：Jasper
B：Alice（プレゼンター）

A：Could I just say something? I think there's no point in this analysis.

B：Jasper, thank you for your comment. Could you please tell me why you think that?

A：ちょっと言ってもいいですか？　この分析をする意味はないと思います。

B：ジャスパー、コメントありがとうございます。どうしてそのように思われるのか教えていただけますか？

ここに注目！

❶指摘を受け入れる／フィードバックとして受け止めて感謝する
❷理由を聞く／相手の状況への理解や考えを説明してもらう

ジャスパーのコメントは、おそらく同席している他の人からも角が立っていると感じるでしょう。しかし、アリスは反射的に Why? などと聞くのではなく、まず相手のコメントを受け止め、冷静に感謝の言葉を伝え、高い対応力を示しています。さらに、そのコメントの理由を理解しようと、理由を尋ねています。コメントをそのままにするのではなく、学べることがあるかもしれない、自分とは違う考え方をしている人のことを理解したい、というオープンな姿勢も伝わります。

ビジネスシーン❷

資料を作っているとき、隣の席にいる同僚から余計なお世話と感じるアドバイスを受ける。

A：Kim（同僚）
B：Casey

A：Hey Casey, you know you could just use copy and paste for that text instead of retyping everything.

B：Hi Kim. Thanks for the suggestion. Actually, I'm fine with this approach. I'm trying to edit the wording and make some adjustments in the process.

A：I see. Got it!

A：ねぇケーシー、そのテキスト、全部打ち直すんじゃなくてコピーアンドペーストすればいいんじゃないの？

B：キム、提案ありがとう。実はこのやり方でいいんだ。打ちながら文章を編集したり、少し調整をしたりしているの。

A：なるほどね、了解！

ここに注目！

❶指摘を受け入れる／フィードバックとして受け止めて感謝する
❸（誤解の場合）意図や事実と異なることを伝える／丁寧に反論する

ケーシーは自分の作業の進め方は意図的なもので意味のある方法だと思っているので、キムの提案は余計なお世話とも取れます。しかし、ケーシーは「キムは私の役に立ちたいと思って言っているのかもしれない」「私のやり方を見下すような意図はないのかもしれない」と、よい方向に解釈しています。この態度を assume (assuming) positive intent と言います。ケーシーはこの考えに基づいて反応し、感謝を伝え、自分がなぜそのやり方で進めているかを相手に伝えています。相手もケーシーの考えを素直に受け入れ、やり取りはポジティブに終わっています。

20 ｜ 注意する

　場面17「フィードバックを伝える」(p. 204) と場面23「不適切な発言や失礼なコメントに対応する」(p. 275) では、相手に指摘をし、フィードバックを伝えるアプローチを紹介しました。時にはチームメンバーの言動や仕事への attitude（態度）について注意をするべき場面もあります。そのときはフィードバックとは少し異なるアプローチが必要になります。

　責めたり相手を否定するような言い方をすると人間関係が崩れ、チームにも仕事にも影響が出る恐れがあります。そうならないためには、「態度を改めさせる」「遅刻を減らす」「不注意によるミスの責任の大きさに気づかせる」といった注意の目的をはっきりさせ、そのために必要なアプローチとステップを考え、どのように伝えるかを慎重に検討することが必要です。

　constructive criticism（建設的評価）や objective evaluation（客観的評価）には、周りにどのように見られているかを本人に自覚させ、態度やパフォーマンスを改善させるというゴールがあります。これを客観的なアプローチで実現するには、いくつかのスキルが必要です。たとえば、相手の気持ちや考えを「読む」力、強く抵抗されることなく受け入れられるような言葉で説明するスキル、相手に身構えさせない話し方、そして徐々に改善していけるように導くスキルです。

　伝えるときは、その場の緊張感をできるだけ和らげるためにアプローチ⑤「理解を示す／励ます」などを使って相手の強みや上手くいっている点を肯定しつつ、どうすれば改善できるかを示します。注意をするときもできるだけ同じアプローチを取りつつ、状況の深刻度や相手の言動の影響に合わせて表現の強弱やアプローチを調整します。また、できれば場面17「フィードバックを伝える」で紹介した "Praise in public, criticize in private"（ほめるのは人前で、批判は内密に）を意識するとよいでしょう。その場に他の人もいる場合は、1対1で話せるプライベートな環境を確保して、以下のように声をかけます。

○ [Mika,] Do you have a minute?
　（ミカ、）今時間ありますか？

○ May I talk with you in private, please?
　プライベートな場所で（2人で）お話しできますか？

○ Could we go find somewhere quiet to talk?
どこか静かな場所を探してお話してもよいですか？

　声をかけるときや注意をするときに相手の名前を呼ぶとより注意を向けて聞いてくれるでしょう。たとえば、子どもが親に「文句を言うのをやめなさい」と注意されるときに "You need to stop complaining." と言われるのと "*Maya*, you need to stop complaining." と言われるのでは、深刻度と緊張感が違って伝わることに似ていると思います。場面17「フィードバックを伝える」も参考にしてください。

アプローチ▶

1. 問題のある言動を客観的な事実として指摘する
2. 仕事やチームへの影響を伝える
3. 背景を理解するために質問する
4. 改善の方法を一緒に考える
5. 理解を示す／励ます

1 問題のある言動を客観的な事実として指摘する

　場面17「フィードバックを伝える」の「建設的なフィードバック（constructive feedback）」と「改善点や課題に関するフィードバック」についての解説と、アプローチ②「仕事やチームへの影響を説明する」を参考にしてください。また、場面24「怒りを表す」（p. 285）でも説明するように、always, never, every time などの断言するような言葉は使わないようにします。

成功フレーズ

▷ **There is something that has come to my attention.**

ちょっと気になることがあります。

＊「私の注意を引くようなことがありました」のニュアンス。

▷ **I think there's something that we need to talk about.**

（2人で）お話しするべきことがあるかと思います。

▷ **I've noticed that [...], and I'm afraid it's not working very well.**

…だということに気がついたのですが、あいにく（その影響により）あまり上手くいっていないようです。

▷ **I know you're putting a lot of effort into [...], so it's hard for me to bring this up, but I've noticed that (it has come to my attention that) ...**

…に多くの努力を注いでいることを分かっていますので、このことをお伝えするのは心苦しいのですが、…ということに気がつきました。

＊相手の努力や上手くいっている点を肯定しつつ、客観的に指摘する。

▷ **As your manager, I need to point out things that I think need to be improved on. I've recently noticed that ...**

あなたのマネージャーとして改善すべき点を指摘する責任があります。最近気がついたのですが…。

意見や感じたことを伝えるとき

▷ **What I think is [...]. The reasons are ...**

…だと思っています（感じています）。その理由は…。

▷ **I feel that ...**

…だと感じています。

▷ **It seems to me that ...**

…のように思われます。

▷ **I get the impression that ...**

…という印象を受けました。

＊客観的な言い方。

▷ **Correct me if I'm on the wrong track, but ...**

間違った方向で考えているようでしたら言っていただきたいのですが…。

▷ **You are always late for work.**

あなたはいつも仕事に遅刻しますね。

▷ **You never submit your work on time.**

あなたは一度も納期を守りませんね。

＊上記は you を使う表現で責めたニュアンスであり、always や never を使うと断言しているようにまたは大げさに聞こえる。感情的になっている印象。

❷ 仕事やチームへの影響を伝える

　組織の運営とビジネスの成功にはチームワークが不可欠です。相手に非があって注意をするときもこの事実を意識し、一方的に責めたり非難したりすることのないように心がけます。言動やパフォーマンスがチームや組織に与える影響を相手に分かりやすく伝え、状況を改善できるように導きます。

　場面17「フィードバックを伝える」のアプローチ②「仕事やチームへの影響を説明する」(p. 210) を参考にしてください。ここでは、注意する場面で使える表現のバリエーションを紹介します。

172

▶ When you don't keep the deadlines that we agreed on, it affects the rest of the team and our clients.

同意した（約束した）期限を守っていただけないことによってチームの他のメンバーやクライアントに影響が出てしまいます。

▶ When you talk over others, it discourages them from speaking up during meetings.

あなたが他の人を遮って（他の人の声にかぶせて）話し続けると、周りの人はミーティングで発言するのを控えるようになってしまいます。

▶ How do you think this might affect the team (your co-workers/our clients)?

チーム（同僚、クライアント）にどのような影響があると思いますか？

173

▷ You are a bad influence on the team.

あなたはチームに悪影響です。

▷ Miranda said [...] about you.

ミランダがあなたについて…と言っていました。

❸ 背景を理解するために質問する

　何か原因があるのか、プライベートで何か起きているのかなど、相手が打ち明けやすいようにオープンな聞き方で尋ねます。場面17「フィードバックを伝える」のアプローチ③「相手の意見や説明を聞く」（p. 212）を参考にしてください。

▶ **Is there something you'd like to discuss?**

何かお話ししたいことはありますか？
＊オープンな表現で聞く。話したければ打ち明けるでしょう。

▶ **If you don't mind my asking, are you having any issues outside of work?**

もし差し支えなければ（お聞きしたいのですが）、職場以外で何かあったりしますか？

▶ **I'm wondering if there's something going on that's distracting you.**

何か気になっていることでもありますか？

▶ **If it's a workload issue, perhaps we can review that.**

もし仕事量が問題なのであれば、それについて検討する（見直す）こともできるかと思います。

▷ **Are you having any problems at home?**

家庭で何か問題でもあるのですか？
＊こちらからは直接的に聞かない。あくまでも相手から打ち明けた場合のみ話を聞くのが基本。

❹ 改善の方法を一緒に考える

改善や解決のためにどうすればよいか意見を聞いたり、提案をします。対策を一緒に考えます。

▶ **I'm thinking that some training sessions in negotiation skills might help you in your interactions with clients. Would you be open to that?**

交渉スキルの研修を受けたら今後のクライアントとのやり取りに役に立つと考えているのですが、どうですか？

* be open to =「（提案、アドバイスなど）にオープンになる・を受け入れる・に気が乗る・を進んで取り入れる」の意味。

▶ **Let's discuss what we can do to work things out.**

解決するために（上手くいくために）何ができるか話し合いましょう。

▶ **Would [...] be helpful to you?**

…（をすること）は役に立ちそうですか？

* …には行動を表す表現が入る。

▶ **How do you think you can avoid [...] in the future?**

どのようにしたら…を避けられると思いますか？

* …には行動を表す表現が入る。

▶ **I think your [...] skills might improve if you ...**

…をしたらあなたの…のスキルは改善すると思います。

▶ **I would encourage you to put a little more effort into ...**

…にもう少し力を入れてみてほしいと思います。

* encourage =「～するようにすすめたい、背中を押したい」のニュアンス。

▶ **I'd like to hear your ideas on how we can improve this situation and how I can support you.**

この状況をどうすれば改善できるのか、何をすればあなたの力になれるのか、あなたの意見を教えてください。

* 英文最後の how I can support you の部分が大事。相手だけに任せて1人の責任にするだけでなく、マネージャーやチームがサポートするという姿勢がうかがえる表現。

► **We're all in this together, so is there anything I can do?**

みんなでチームです。私にできることはありますか？

状況に合わせる必要はありますが、ポジティブな雰囲気で終われるよう次につながるような励みになる言葉をかけます。注意を言いっぱなしになると落ち込んでしまったり、再び失敗につながってしまい、ネガティブなスパイラルに陥ってしまうこともあります。

成功フレーズ　　177

► **I know you can do this.**

あなたならできると信じていますよ。

► **It's clear that you have the ability to do this.**

あなたにできる能力があることは明らかです。

► **There's no question about whether you can do this.**

あなたにはできます／あなたができるということは明らかです。

＊直訳すると「あなたにできるかどうかというのは疑問の余地もありません」。

► **You own this process, and I know you can do it.**

あなたはこのプロセスの責任者ですし、あなたにできるということを確信しています。

＊own XYZ＝「XYZに対して責任をもっている、責任者である」というニュアンス。You own your career. や Take ownership of your career などとも言う。自分のキャリアは自分で切り開いていく、会社や雇用主の意向に任せたり、誰かにコントロールされたり決められるのを待つのではなく、当事者意識と責任を持って進めていくという意味。

少しチャレンジをするように促す（向上心を引き出す）

▶ ## How do you feel about taking on something new?

何か新しいことを引き受けることについてどう思いますか？

＊「新しい仕事に挑戦してみる？」のニュアンス。

▶ ## I need someone to help me with [...]. Would you be interested in taking this on?

誰かに…を手伝ってもらいたいのですが、興味はありますか？

＊サポートをする役割を引き受けることに興味があるか聞いている。

ビジネスシーン ❶

遅刻の多いチームメンバーを注意する。勤務態度も時間管理も普段は問題ない。他の原因があるかもしれないと考え、あまり厳しくはしないでオープンに話したい。

A：Mary（マネージャー）
B：Tatsu

A：I've noticed that you're arriving at work late these past two months. When you're late, it makes it difficult to start meetings on time, especially when we have conference calls with the New York team. You've usually been on time in the past. I wanted to check in with you to see if there was something going on, or whether there is something that I can do to support you.

B：Thank you, Mary. Actually, my mother has been unwell, and I've been traveling to Shizuoka to take care of her ...

A：I see. That must be tough ...

B：I'm sorry that it's been affecting my work schedule and productivity.

A：I appreciate your telling me about this. I wonder if we can work out some arrangement so that you could work remotely or shorten your work hours.

B：That would be a great help.

A：Let me check with HR* about the guidelines, and I'll get back to you.

B：I appreciate your suggestion and flexibility.

A：I'm glad to be of help.

*HR = Human Resources（人事部）

A：ここ2カ月、タツの出社が遅れ気味になっていることに気づきました。遅刻するとミーティングを時間通りに開始することが難しくなります。特にニューヨークチームとの電話会議のときはそうなります。今までは普段は時間通りでしたよね。何かあったのか、私に何かできることはないか聞きたいと思いました。

B：ありがとうございます、メアリー…。実は母が体調を崩していまして、看病のために静岡へ行っていました…。

A：そうだったのですね。それは大変ですね…。

B：私の仕事の予定や生産性に影響が出てしまい、申し訳ありません。

A：このことを話してくれてありがとう。リモートで仕事ができるようにしたり、時短にするなど、何か調整できるかどうか検討してみます。

B：そうしていただけると助かります。

A：ガイドラインについて人事部に確認しますので、追って連絡します。

B：提案と柔軟な対応をありがとうございます。

A：お役に立てて何よりです。

ここに注目！

① 問題のある言動を客観的な事実として指摘する
② 仕事やチームへの影響を伝える
③ 背景を理解するために質問する
④ 改善の方法を一緒に考える
⑤ 理解を示す／励ます

相手のよい点（タイムマネジメントが優れていること）を評価しながら、遅刻について気がついたことを客観的に述べ、仕事やチームへの影響を伝え、協力する姿勢を示しています。メアリーがタツのことを心配していることが伝わり、タツから家庭の事情について打ち明けていることからも信頼関係があることがうかがえます。今後の対応についてメアリーから提案するなど、状況の改善に向けて建設的な話をしています。タツが「理解を得られた」、「十分なサポートを受けている」と感じられるようなやり取りになっています。

ビジネスシーン ❷

チームメンバーのエレベーターでの会話について他部署からクレームがあったの
で注意する（会話の内容がややカジュアルだったため）。

A：Ben（マネージャー）
B：Steven（チームメンバー）

A：Steven, do you have a minute?

B：Sure, Ben.

A：Have a seat. It's been brought to my attention by an MD*
from another department that there was some casual
conversation in the elevator between you and a colleague
this morning. It seems there was some casual and slightly
inappropriate vocabulary used.

B：Yes ...

A：We share elevators with clients and people from other
departments, and as a general rule, we need to refrain from
conversing in elevators.

B：I understand. I'm sorry. It was a moment of poor judgment.

A：Just be more careful from now on. OK?

B：I'll do that.

　*MD = Managing Director

A：スティーブン、ちょっといいですか？

B：もちろんです、ベン。

A：（そこに）座ってください。今朝、エレベーター内でスティーブンが他の人とカ
ジュアルな会話をしていたことを他部署のMDから聞きました。カジュアルで
少々不適切な言葉を耳にしたようです。

B：はい…。

A：エレベーターはお客様や他部署との共有部ですし、エレベーター内では原則として私語を控える必要があります。

B：はい、分かりました。（言動について）判断が甘く、申し訳ありません。

A：これからは気をつけてくださいね。

B：はい、そうします。

ここに注目！

❶ 問題のある言動を客観的な事実として指摘する
❷ 仕事やチームへの影響を伝える
❹ 改善の方法を一緒に考える

他部署のマネージングディレクターという役職が高く責任のある人物から指摘があったと客観的に伝えています。この場合は、「誰々から聞いた噂や話」ではなく、正式な指摘や注意と捉えます。エレベーターは共有部なので、このような行動は本人の評価や（本人が所属する）部署や組織の印象と評判に影響が出てしまいます。ベンはそのことに上手く気がつかせています。特に個人情報などの漏洩の恐れもあり、気をつけなければいけません。怒りに任せて責めるのではなく、根拠と影響をロジカルに説明しているので相手も受け入れられやすくなっています。

人間関係

Chapter

4

21 | お悔やみの言葉

　ビジネスでもプライベートでも、お悔やみの言葉を伝える機会が訪れるかもしれません。「思いやりをもって伝えたいけど、なんと言えばよいのか分からない」「センシティブな場面なので間違ったことを言いたくない」といった気持ちから何も言えなくなってしまうのも分かります。何か言葉をかけることで相手の悲しみが癒えるわけではありませんが、想いは伝わります。一方で、よかれと思って発した言葉によって相手を傷つけてしまう恐れもあります。気をつけるべきポイントをおさえて、相手や状況に合わせて伝えたい気持ちを正確に届けましょう。

すべきこと (Do's)・すべきではないこと (Don'ts)

Do's

- 悲しいと伝える。

- お悔やみの言葉を述べる。

- シンプルに伝える。

- 気持ちが伝わる表現を使う。

Don'ts

- 無視する。

- 亡くなった事実をなかったことにする。

- 自分の話をする（「自分の親も同じ病気で亡くなった」「自分の親が亡くなったときの気持ちを思い出す」など）。

- 悲しみを否定するようなことを言う。

- 亡くなった原因に細かく触れる。

　シンプルな表現で問題ありません。凝ったメッセージである必要はなく、相手を想っていることが伝わること、そして寄り添っていると感じてもらえることが大切です。話の中心は「相手」であるべきです。自分の身近な人が亡くなったときの気持ちを思い出して語り出すなど、悲しみや喪失感を自分の話にしてしまうのは話の中心を「自分」に向けてしまっているので避けましょう。

おすすめのフレーズ　　180

▶ **I'm sorry for your loss.**
I'm so sorry about your loss.

お悔やみ申し上げます。

 ＊直訳は「お亡くなりになったことについて、残念に思います」ですが、「お悔やみ申し上げます」の意味で使います。I'm sorry for ... は謝っているわけではありません。
 ＊基本の表現で、ご遺族や友人、知り合いにも使える表現です。

▶ **I'm so sorry.**
I'm very sorry.

 ＊このような簡単な表現でもよいでしょう。

▶ **I'd like to express my sympathy for your loss.**

お悔やみ申し上げます。

▶ **Please accept my sincere condolences.**

心よりお悔やみ申し上げます。

 ＊ condolences = お悔やみの言葉。

▶ **I'm thinking of you.**

あなたのことを想っています。

▶ **I'm keeping you in my thoughts.**

あなたのことを想い続けています。

 ＊最後の2つの表現は日本語訳が「想います」となっており、ロマンティックな響きがあるように感じるかもしれませんが、英語ではスタンダードな表現です。

▶ **I'm sending you my deepest sympathies (condolences).**

心からお悔やみ申し上げます。

＊口語ではなく書くときの表現です。

▶ **We were very sad to hear of Daniel's passing.**

ダニエルさんが亡くなったと聞いて私たちはとても悲しくなりました。

▶ **She holds a special place in my heart.**

彼女はずっと私の心のなかにいます。

ひとつ先の表現

▶ **I'd like to help in any way I can, so please don't hesitate to ask.**

お力になれるのでしたら何でもしたいので、遠慮せずに言ってください。

▶ **How can I be of help?**

どうすれば力になれるでしょうか？

プラスαのフレーズ

　以下のように「どのように力になれるか・サポートできるか」を具体的に提案することもできます。「私にできることがあれば何でも言ってください」と漠然と言われても、相手としては自分からはなかなか言い出せなかったり、どこまで頼んでよいのか分かりにくい場合もあります。こちらから具体的にオファーすると相手も頼りやすいでしょう。

　▶ **Can I bring you dinner tomorrow night?**

　明日の夜、夕食を届けられますが、いかがですか？

　▶ **How about I pick up some takeout for you tonight?**

　今晩テイクアウトの夕食をお届けできますがいかがですか？

　▶ **Can I do some shopping for you?**

　何か代わりに買いましょうか？

I'm sure he's (she's) in a better place.

今、彼（彼女）はよりよい場所にいるでしょう。

＊よく耳にする表現ではありますが、人によっては受け取るのが辛い言葉です。「亡くなって（生きていたときより）よりよい場所にいる」という意味に聞こえる場合もあります。身近な人にとって亡くなった方にいてほしいのは「この世」で、そばにいてほしいのです。「ここより他の場所（世界、死後の世界）にいる方がよい」という考え、そして「（ご家族と）一緒にいない今の（亡くなった）状態の方がよい」という考え自体に相手は悲しくなり、辛く感じることでしょう。また、「よりよい場所」という言い方に、「天国」や「あの世」といった宗教的なニュアンスを感じる人もいます。ご家族が無宗教であれば、この言葉は慰めの言葉になりません。

I know how you feel.

お気持ちはよく分かります。

＊誰かが亡くなるという経験と、亡くなった方との関係はその人だけの特別なものです。相手の気持ちを完全に分かることはできませんし、この表現は相手の立場に立った言い方ではありません。

I was so shocked. I never thought something like this would happen.

あまりにショックでした。こんなことが起きるなんて思いもしませんでした。

＊自分中心で、自分の経験や立場を基にして発言するのは配慮に欠けています。

His suffering is over.

苦しみは終わりました。

At least he lived a good life.

せめて（少なくとも）よい人生だったはずです。

Things will be ok.

大丈夫になりますよ。

本人が悲しんでいるときにこのような言葉をかけても、状況が「大丈夫」になることは考えにくいですし、空虚に響いてしまいます。

▷ Remember, you still have your family (husband/wife, children, partner, etc.).

まだご家族がいるじゃないですか。

＊一見ポジティブで前向きに事態を見るように促す言葉に聞こえますが、本人は悲しみのなか にいますし、その悲しみを否定しているように聞こえます。

▷ You'll get over it.

乗り越えられますよ。

＊悲しみを否定しているように聞こえますし、相手は乗り越えることを考えるような心のエネ ルギーもないため、思いやりのない言葉です。

シーン❶

182

会話のなかで伝える場合。

A : Please accept my sincere condolences.

B : Thank you. I appreciate that.

A : 心よりお悔やみ申し上げます。

B : ありがとうございます。感謝いたします。

シーン❷

メールや手紙を通して伝える場合。

Dear Janet,

I was very sad to hear about Matt's passing. He was always so kind and thoughtful, and made people around him smile. We will miss him greatly.

I'm sending you my thoughts during this difficult time.

With deepest sympathy,

Jun Kitada

ジャネットさんへ

マットさんが亡くなったと聞いてとても悲しかったです。彼はいつも親切で思いやりがあり、周りの人を笑顔にしていました。心から寂しいです。

悲しみに接し、想いをお届けします。

お悔やみ申し上げます。

お悔やみの言葉に加え、亡くなった方がどのような方だったか、その方の素晴らしさなどを添えるとよりパーソナルで思いやりのこもった言い方になります。

22 | 答えたくない質問をかわす

　雑談など直接は業務と関係のない話のなかで出てくる質問は会話を円滑に進めるのに役立ちます。あなたのことをもっと知りたい、会話を楽しんで続けたい、関係を深めたいといった思いで質問してくるでしょう。

　しかし、時にはプライベートに踏み込んだ質問や失礼に感じる質問を受けることもあるでしょう。相手にこちらを傷つける意図がなくても、偏見が基になっている発言や差別的な発言を向けられることもあるでしょう（ときには相手がよく考えずに発言している場合も）。特に意図がなくても、お互いの経験や感覚の違いによって、話題や質問に対する考え方や見方が異なる場合があります。

　失礼だと感じたり答えたくないと思ったときのこちらの反応次第では、その場の雰囲気が気まずくなったり、言い方に角が立ってしまう可能性があります。

　"give someone the benefit of the doubt" という英語のフレーズがあります。「証拠がない、あるいは証拠が不十分な場合は（相手に）有利に解釈する」「疑わしきは罰せず」という意味です。質問に何らかのよくない意図を感じる場合でも、確信が持てない場合は「相手に悪気はないのかもしれない」「そういう意味ではないのだろう」と判断を保留するのもよいでしょう。

　ただ、失礼な質問や個人的な領域に踏み込んでくるような質問には必ずしも答える義務はありません。また、こちらがそのように感じたことを相手に気がつかせたいと思うときもあるでしょう。答えたくない質問のかわし方から、強めに反応する方法まで紹介します。

アプローチ▶

1 答えたくないと伝える（丁寧・強めに）

2 話題を変えようと提案する

3 相手の前の発言をピックアップして広げる

4 質問で返す／ユーモアで返す

① 答えたくないと伝える（丁寧・強めに）

　質問に答えたくない理由は、距離感を相手が見誤っている、個人的すぎる話題または社会的にセンシティブな話題である、詳しくないためコメントを控えたいなどさまざまでしょう。しかし、あなたが話したがっていると相手が思い込んでいたり、相手が好きな話題で話しているだけかもしれません。答えたくないことをやんわりと時には強めに、かつ diplomatic に伝えるための表現を紹介します。さらに、①の後に②や③などをつなげて会話が続くようにすると、気まずい雰囲気にならずに話を進めることができます。相手が失礼なので強めに言う必要があれば④で率直に伝えることもできます。この場合、相手や状況によって対応方法を慎重に判断し、伝える際の声のトーンにも注意してみてください。

成功フレーズ　　　　　　　　　　　　　　　183

▶ **I'm sorry, but I don't feel comfortable answering that question.**

すみません。その質問に答えるのは避けたいと思います。
　答えることに「心地よくない感覚」や「不快感」を感じているのが相手に伝わる言い方。

▶ **I'm afraid I'd rather not answer that question.**

恐れ入りますが、答えるのを控えたいと思います。

▶ **I'd rather not discuss that.**

そのことについては話したくありません。
　若干強めだが、失礼にはならない。

▶ **I'm not interested in discussing that.**

そのことについては話したくありません。
　若干強めだが、失礼にはならない。

▶ **I appreciate your concern, but actually I'd rather not talk about it.**

心配して（気にして）くださってありがたいのですが、実はこのことについては話したくありません。

▶ I appreciate your asking. Actually, it's not something I feel comfortable talking about.

聞いてくださってありがとうございます。実はあまり話したい話題ではないのです。

＊関心を持ってくれたことに感謝をしつつ、話したくないと伝える。

▶ I prefer not to talk about this type of subject.

このようなことについてはお話しするのを避けたいです。

▶ I prefer to stay away from this type of subject.

このような話題は避けたいと思います。

▶ I just don't feel comfortable talking about this with others.

このことを人と話すのは避けたいです。

＊「気が進まない、避けたい、居心地がよくない」といったニュアンス。

▶ That's a sensitive topic for me.

これは自分にとってセンシティブなトピックです。

▶ Perhaps you didn't realize this, but that's a rather sensitive topic.

気がついていないかもしれませんが、これは結構センシティブなトピックです。

▶ Perhaps now's not the best time to talk about this.

今はこの話をするのに適したタイミングではないかもしれません。

▶ I'm not sure if you meant it like that, but it's a bit rude to ask.

そういう意図があったのかどうかは分かりませんが、それを聞くのは失礼です。

＊質問が失礼でマナー違反だと気づかせる。

▷ **I'm afraid I'm not the person to discuss this with.**

恐れ入りますが、私はこの件について話すべき相手ではありません。

＊「自分は詳しくないため」「話す立場ではないため」の意味を含む。

▷ **This is outside the area of my expertise.**

これは私の専門外です。

▷ **I may not be the right person to answer this.**

私はお答えするのには適任ではないかもしれません。

▷ **I really don't know.**

本当に分かりません。

▷ **I'm afraid there isn't a simple answer to that.**

あいにく明確な答えが出せる話題ではありません。

▷ **There isn't an easy way to answer that.**

それは簡単に答えることはできません。

避けた方がよいフレーズ　　184

I'm not going to answer that.

答えたくありません。／それは答えません。

I don't want to talk about it.

話したくありません。

上記2つは直接的で冷たい。

② 話題を変えようと提案する

①の後に話題を変えようと提案すれば気まずい雰囲気から脱出でき、会話が続きます。また、①のアプローチがなくても、その話題を避けたいと思っていることを察してくれる可能性もあります。質問に答えることは避けたいけれど相手と会話したくないわけではないことが相手に伝わるアプローチです。会話を続けるために一歩歩み寄っているという姿勢が感じ取れます。

▶ **Do you mind if we talk about something else?**
他の話をしてもよいですか？

▶ **Let's change the subject.**
話題を変えましょう。

▶ **Could we talk about something else? It might be wise to stay away from that topic.**
他の話をしてもよいですか？　その話題は避けた方がよいかもしれません。
＊後半の文は場面に適しているときのプラスαに。センシティブな内容や避けた方がよいトピックなどのときに（賛否が分かれる話題や議論になりやすい話題、誰かが不快に思う可能性のある話題など）。

▶ **I believe we were talking about [...]. Let's go back to where we were, shall we?**
先ほど…について話していたかと思います。もとの話題に戻りましょうか？

③ 相手の前の発言をピックアップして広げる

話題を変えるためのアプローチのバリエーションです。前に出た話題につなげるので違和感はそれほどなく、「話したくないことなのだな」「センシティブな話題だったかな」と察してくれるでしょう。特に①を飛ばすと「何で急に？」「質問に答えてもらってないのに」という印象を持たれる可能性はありますが、その話題は避けつつ会話を続けたいというこちらの姿勢は伝わるでしょう。

186

▶ Earlier you mentioned something about [...]. Could you elaborate on that?

先ほど…について話していらっしゃいましたが、もっと詳しく教えていただけますか？

▶ You were talking about [...]. Could you tell me more about that?

…について話していましたね。もっと教えていただけますか？

▶ I meant to ask you, ...

お聞きしようと思っていたのですが…。

▶ I'd like to go back to what you were saying ...

先ほどおっしゃっていたことに戻りたいのですが…。

④ 質問で返す／ユーモアで返す

難易度が高いので相手や状況を選ぶアプローチですが、相手が明らかに失礼であったり、ネガティブな意図を感じたときに強めに反応したいときのアプローチです。最初の2つのフレーズは直接的かつ挑戦的です。相手の注目と論点をずらして明確な回答を避ける方法やユーモアを含んだ返し方もあります。自分にとって都合がよくないと伝える、あるいは答えたくないと意思表示をして、会話を別の方向に向かわせる技を身につけたいですね。

187

▶ Why do you ask?

なぜ聞くのですか？

▶ Is that really important?

それはそんなに大切なことですか？

▶ **Do you really expect me to answer that?**

本当にそれに答えることを期待しているのですか？

＊（こちらの意図を察してもらえるように）ほほえみながら皮肉を込めて言う。

▶ **Is that relevant to what we're discussing?**

それは今話していることに関係ありますか？

▶ **I'll think of a way to answer that later.**

その答えは後で考えます。

▶ **Next question!**

次の質問！

＊堅苦しくないトーンで「はい、次！」と言う。眉を上げて、相手と別の方向を見てにんまりしながら大きめの声で言うなど、ユーモアでかわす。時には皮肉も含む。

▶ **I'll get back to you later on that.**

それについては後ほどお答えします。

▶ **How much do I weigh? 1,000 kilograms!**

私の体重ですか？　1,000キロですよ！

＊このように、あえて大げさに答えることでユーモアのある言い方にする方法もある。この場合は、体重を聞かれたときの切り返し方の例。

▶ **What would you do if you were in my situation?**

あなたが私の立場ならどうされますか？

▶ **If it were you, what would you do?**

あなたならどうしますか？

▶ **I haven't a clue. What would you say in this case?**

まったく分かりません。あなたなら何と言いますか？

＊上記3つの表現は、相手に質問を返すことで答えることを避けられる。受けた（失礼・不快な）質問について考える機会を与えることで、その無礼さや不快さ、プライベートに踏み込みすぎていることに相手が気づくことを期待する。気がつかなくても、質問の内容や「なぜ返されたか」、そして質問された人の立場を考える機会になる。

188

ビジネスシーン ❶

同僚とワークライフバランスの話になり、「子どもは産まないの？」と聞かれる。

A：Sarah（同僚）
B：Mina

A : It's hard balancing work and childcare when we're working from home. Mina, have you thought about having kids?

B : Actually, that's not something I'm comfortable discussing.

A : I'm sorry. I didn't mean to bring up a sensitive topic.

B : Thanks for understanding. How are you handling *your* workload, anyway?

> *your* を少し強調する。

A : 在宅勤務のときは仕事と子どもの面倒を見るのを両立するのが大変。ミナは子どもを産むことを考えたことはあるの？

B : 実はその話はあまりしたくないんです。

A : ごめんなさい。センシティブな話を持ち出すつもりはありませんでした。

B : 理解してくれてありがとう。サラはどのようにお仕事をこなしているのですか？

ここに注目！

❶答えたくないと伝える（丁寧に・強めに）
出産についての質問には答えたくないことを明確に伝え、サラは「聞くべきではない話題だった」と察して謝っています。詳しく理由や事情を言わなくても伝わっていることがうかがえます。ミナは謝罪の言葉を受けとめて、気まずさが残らないやり取りになっています。さらに、サラの仕事をこなす方法について尋ねて会話を続けています。相手が持ち出した話題について話したくないだけであって、相手と話したくないわけではないという気持ちが伝わるやり取りです。「話題」と「相手の人格」を区別しています。

ビジネスシーン ❷

海外オフィスの同僚との会話が賛否が分かれる政治の話になってしまった。明言を避けたい。

A：Jonathan（同僚）
B：Kenji

A：Do you support your Prime Minister?

B：Hmm …, perhaps it's better to stay away from that topic.

A：Right, sorry about that.

B：That's OK. But going back to what we were talking about …

A：ケンジは（自分の国の）総理大臣を支持していますか？

B：うーん…、その話題は避けた方がよいかもしれません。

A：そうですね、すみません。

B：いえ、大丈夫です。それで、さっきの話に戻るのですが…。

ここに注目！

❶答えたくないことを伝える（丁寧に・強めに）
避けたい理由も言わなくてよいです。

❸相手の前の発言をピックアップして広げる
話の流れで答えを避けたい質問が来たので、少し気まずく感じていることが分かる反応を示し、回答を避けたいことを柔らかい表現で伝えています。相手も理解を示して謝っています。そこで、前の話につなげて会話を継続させています。

23 不適切な発言や失礼なコメントに対応する

　人を傷つけたり不快にさせる発言をすることはビジネスでもプライベートでも許されることではありません。しかし特に職場では、フィードバックや間違いの指摘、そして批判的なコメントから一線を越えた、失礼な発言や不適切な発言を耳にすることもあるかもしれません。

　さまざまなバックグラウンドや価値観、経験を持つ人々が集まっていることがその背景の一つと言えるでしょう。同僚からプライベートに踏み込んだ傷つくようなことを言われるかもしれませんし、マネージャーから人格を否定するような攻撃的なコメントがあるかもしれません。なかには人格を否定したり、人に対して権力を振りかざしたり、予測不能な態度をとって相手を不安に陥れたり困惑させたりする人もいます。「嫌われてしまった」「自分のせいだ」と落ち込んだり、「なんて酷い人だ」などと反応したくなることもあるでしょう。

　発言者の判断力が疑われるのはもちろんのこと、どう反応するか次第で、受け手に対する周囲からの印象も変わるので、慎重に対応する必要があります。

　発信者が無意識に攻撃的になっている場合もあります。また、受け取る側の解釈やこれまでの経験によって、傷つきやすさや怒りの感じ方は違います。さらに、発信者が誰なのかによって反応の仕方が変わってくるのは自然なことです。同僚に言われる場合とマネージャーやメンター、そして外部の人間の場合とでは発言の内容が同じでも意味が変わってきます。

　しかしいずれの場合も、感情的に反応することは避け、まずそのコメントの意図や背景を理解しようとすることから始めるとよいでしょう。言葉遣いだけでなく、声のトーンや文脈、そして発言したときの雰囲気にも注意します。そして、「落ち着いて他の人がいない環境で話をする」、「その場で速やかに対応する」、あるいは「まずは様子をみてみる」など、状況や相手、そして場所にあった適切な対応を考えます。

　しかし、このような人間関係に関わる問題は複雑で、反応の仕方だけで解決するとは限りません。人事部などに相談したり、チームや職場を離れた方がいい場合もあります。ただ、覚えておいてほしいのは、「あなたのせいではない」ということと「相手の考え方・感じ方そのものには責任はない」ということです。

　筆者は、「きついな」「厳しい言い方だな」と少し驚いてしまうような発言を聞いたとき、信頼関係ができている相手の場合は特に、p. 266で紹介した "give someone the benefit of the doubt." のマインドセットを意識するようにしています。

　「証拠がない場合あるいは証拠が不十分な場合、（相手にとって）有利に解釈する」「疑わしきは罰せず」という意味です。「何かよくないことでもあったのかな」「もしかしたら自分とは関係ないことで機嫌がよくないのかもしれない」「どうしてその発言をしたのか分からないけど、少し様子を見よう」「そういう意図ではなかったのかもしれない」「自分が少し深刻に受け止めてしまっていたり、深読みしすぎているのかもしれない」と考えるようにしています。

アプローチ ▶

- ① 驚きを表す／気持ちを表現する
- ② 理解しようとする
- ③ 皮肉を込めてかわす
- ④ 注意する

① 驚きを表す／気持ちを表現する

　感情的に反応するのは避けたいところですが、あえて驚きを示す方法も場合によっては効果的です。こちらの驚いた反応を見て自身の発言の影響に初めて気がつくということもあります。また、直接的に「ひどい」などと言わなくても遠回しにこちらの気持ちが伝わることもあります。この際も diplomatic な表現を心がけ、落ち着いて伝えられるように気をつけます。

成功フレーズ　190

▶ **OK, I just need a moment to think about what you said.**

えーっと、今おっしゃったことについて考える時間が少し必要です。

▶ **To be honest, I find that hard to believe.**

正直に言いますと、それは信じられません。

▶ **Well, I don't know if that's quite right.**

それが正しいかどうかちょっと分かりません。

▶ **I'm not too sure if others would agree with that.**

それに対して他の人が同意するかどうかは分かりません。

▶ **I'm rather upset by what you said.**

おっしゃったことにちょっと動揺しています。

▶ **Wow, I can't believe you said that.**

そのようにおっしゃったことが信じられません（驚いています）。

＊最初の wow で驚きを表しているが、反射的にこのように言ってもそこまで感情的には聞こえない。

避けた方がよいフレーズ　191

What?

何？／何だって？

＊テレビ番組やカジュアルな会話で聞くことはあるが、ビジネスには適していない。失礼でぶしつけ。

　発言の背景や理由、根拠が明らかではないのであれば特に、反応する前に理解するようにしましょう。このアプローチによって、こちらの冷静さを示すことにもなります。こちらの質問によって自身が発した言葉の問題点や影響を察するかもしれません。発言が意図的だった場合でも無意識の場合でも同じように効果があります。相手を理解したい、そして相手にセカンドチャンスを与えたいという気持ちが伝わり、緊張した雰囲気から前向きで建設的な話ができる雰囲気に変えることができれば、理想的なやり取りと言えます。

成功フレーズ　　192

▶ **Do you really think that?**

本当にそう思われるのですか？
＊相手の発言に対する驚きも少々含まれる。

▶ **What makes you think that?**

なぜそのように思うのですか？
＊Why do you think that? よりも少々間接的になる。

▶ **Tell me more about why you think that's the case.**

どうしてそのように思われるのかもう少し教えていただけますか？

相手の説明を聞いたうえで反応する

　①の表現も参考にしてください。

▶ **I didn't have the same impression [of that].**

私は（それに対して）同じ印象を持っていませんでした。
＊同意していないことを間接的に示している。

▶ **I think you have misunderstood what I meant to say.**

私が言おうとしたことを誤解されているようです。

▷ **Seriously?**

本当に？　マジで？

＊ カジュアルに聞こえ、相手を否定しているように聞こえる。あるいは疑問視しているようにも聞こえる。

▷ **Are you serious?**

真面目に言っているのですか？

▷ **Why would you think that?**

どうしてそのように思えるのですか？

＊ 相手を否定しているニュアンス。

❸ 皮肉を込めてかわす

　このアプローチには発言をかわす効果がありますが、難易度が高いので使う相手は慎重に選びましょう。

▶ **Well, people are entitled to their own opinions.**

まぁ、人それぞれ意見をもつ自由（権利）がありますからね。

▶ **Is it really necessary to say that?**

それを言う必要は本当にありますか？

＊ 質問の形で、相手に自身の発言のインパクトに気づかせる言い方。

▶ **Surely you can't mean that.**

本心からそういう意味で言ったのではないですよね。

＊ 「本気ではないですよね」のニュアンス。

▶ **Excuse me, but what are you trying to get at?**

恐れ入りますが、何を言いたいのでしょうか？

▶ You must be kidding.

冗談だよね（ですよね）。
＊must の部分を強調する。

▶ What are you getting at?

何を言いたいの（ですか）？

▶ What's your point?

何を言いたいの（ですか）？
＊直接的でぶしつけな言い方なので相手を選ぶ。

▶ Is that meant to be funny?

それは面白いつもりなの？

▶ Having a bad day?

何かよくないことでもあった？／今日は調子悪いの？

避けた方がよいフレーズ

195

▷ Gimme a break!

いい加減にして！

▷ Nonsense!

それはナンセンスだ！

❹ 注意する

　相手と状況次第ですが、指摘をして発言の問題点やその影響を理解してもらう必要がある場合もあります。特に人を傷つけたり、差別的・屈辱的であったり、そのまま受け流すことができないような言葉であれば、発言をした人を注意するのは誠実な行動と言えるでしょう。そのような場面でも感情的にならず、冷静に伝えます。

成功フレーズ

▷ I believe you owe him (her) an apology.

彼（彼女）にお詫びの言葉が必要なのではないかと思います。

▷ I think you might want to be more careful with your language (choice of words).

もう少し話し方（言葉の選択）に気をつけた方がよいかと思います。

▷ In case you didn't realize it, your comments are offensive.

お気づきでないかもしれませんが、その発言は攻撃的です。

＊offensive 以外の形容詞に、inappropriate（不適切）、disrespectful（敬意のない）、harmful（攻撃的、有害）などがある。

▷ That doesn't concern you.

あなたには関係ありません。

▷ I have to say, I don't appreciate your comments (that behavior).

その発言（その行動）には賛成できません。

＊I have to say の直訳は「〜を言わなくてはいけません」で、どうしても意見を言わなくてはならないと感じた際に前置きとして言う。

▷ That's going too far.

ちょっと行き過ぎです。

▷ I think you're crossing a line here.

一線を超えています。

▷ That's enough.

もう十分です（そこで止めて、やめて）。

▷ I'm afraid I'll need to report this to HR.

恐れ入りますが、これは人事部に報告しなければいけません。

＊HR = Human Resources

▷ **That's none of your business.**

あなたには関係ありません。

＊強い表現。

▷ **Stay out of this!**

関わらないで！

＊強い表現。

198

ビジネスシーン❶

Aの「アジア人だから…」といった差別的発言に反応する。

A : Well, she's Asian, so she doesn't understand these things.

B : Now, wait a minute. Do you realize how offensive that is?

A : But she's not capable …

B : That's not the point. You're using stereotypes and that's more than rude. It's discriminatory.

A：まあ、彼女はアジア人だからこういうことは分からないんだろうね。

B：ちょっと待って。今言ったことがどれだけ攻撃的な発言か気がついていますか？

A：でも彼女には能力がないからね…。

B：分かっていないですね。あなたは偏見を基に発言しているし、失礼である以上に差別ですよ。

199

ビジネスシーン❷

同僚（女性）の容姿に関するコメントをした同僚（A）に注意する。

A : You look really nice in that dress.

B : You probably mean well, but I don't appreciate comments like that. I'd appreciate it if you kept them to yourself.

A：そのドレス、すごく似合っていますね。

　　※「そのドレスを着ているあなたが魅力的」のようなニュアンス。

B：よかれと思って言ってくれたのかもしれませんが、そのような発言はあまりありがたいと思いません。控えていただけますか。

❹注意する

ビジネスシーン①は明らかに差別的で、②は不適切でハラスメントとも捉えられます。どちらも不適切・失礼・差別的であることを相手に気がつかせるために、コメントを受け取った側が発信者に向けて注意の言葉を返しています。失礼な人に対しては丁寧で礼儀正しく対応する必要はありません。適切であれば、まずはイエローカードを出して、相手に一線を超えたことを気づかせることもできるでしょう。それでも伝わらなければ、レッドカードを出し、注意勧告します。その際は曖昧にせず、相手に受け流す余裕を与えないように率直に伝えます。両方のダイアローグのBは後者の例で、誤解がないように相手が自分に都合のいいように解釈できないように伝えています。本当に不適切なときに使います。

24 | 怒りを表す

　職場はさまざまな人が集まり、一緒に仕事をする場所です。人間関係やコミュニケーションがスムーズにいかないこともあるでしょう。コミュニケーションのスタイルや仕事の進め方、価値観の違いによるストレスや多少の衝突が起きることもあれば、怒りやフラストレーションを感じる場面もあると思います。

　その原因によっては上長や人事部に相談したり、アンガーマネジメントのトレーニングを実施するなど、根本的かつ具体的な対応が必要なケースもあります。

　一方、そこまでの措置を取らなくても、怒りを感じたとき、その理由や感じていることを相手と共有することで事態が前に進むこともあります。お互いの理解が深まる、人間関係の構築につながる、状況や問題が改善に向かうなど、よい方向に事態が展開するでしょう。場面24では、そのような場面で参考になるコミュニケーションのヒントと表現を紹介します。

怒っている気持ちを上手く伝えるには

　フィードバックや失礼な発言に反応するときと同じように、客観性を保ち、冷静さを失わないようにします。感情的に反応したり相手を責めたりしても、相手は defensive になってしまい（身構えてしまい）、状況は改善しません。まずは状況や相手の言動、出来事を客観的に見るようにします。p. 266 でも触れた "give someone the benefit of the doubt" の姿勢で物事を捉えられるといいですね。

　「相手が悪い」「こんな被害にあった」という一方的な見方をするのではなく、状況を改善・解決するためには何ができるか、相手に何をどう伝えるかを考える必要があります。

　相手に自分の怒りやその原因、そしてその他に感じていることをきちんと伝えることで事態が前に進むこともあります。一歩引いて状況を見るきっかけや、自分の言動がどう受け取られているかに気がつく学びの機会を相手に与えることにもなるからです。

　伝える際は、感情に任せるのではなく事実に基づいて話します。言い合いや喧嘩ではなく、ディスカッションのように両方が参加する対話を目指します。ある意味「礼儀正しい喧嘩」と言えるでしょう。話し合いを通じて相手の立場を理解できるよう努めます。ここでの「理解」は必ずしも「同意」や「賛成」とイコ

ールではなく、「受け入れること」を意味します。相手の気持ちを理解するために話し合いをすることが、自分が怒りを感じた理由がはっきりするきっかけや解決のきっかけになるかもしれません。また、建設的な話ができれば、その人との関係も長く続くでしょう。

　場面17「フィードバックを伝える」（p. 204）、場面20「注意する」（p. 245）、場面13「間違いや問題を指摘する」の「間違いや問題自体にフォーカスして伝える」（p. 162）も参考にしてください。

アプローチ▶

❶ 怒っている理由を説明する
❷ 責めることなく自分に落ち度があることに気づかせる
❸ 相手の言動を理解する／反応をうかがう

❶ 怒っている理由を説明する

　何よりもまず自分の感情をコントロールすることが大切です。感情をコントロールできていない状態で行動に出ると、状況は改善するどころか悪化してしまいます。感情的に反応してしまうと、相手もこちらの怒りに触発されて感情的になってしまう恐れがあります。事態が複雑になりますし、問題解決に役立ちません。

　そこで少しでも怒りを表したい気持ちを抑えることができれば、達成したい結果に向けてより多くのエネルギーを割くことができます。また、相手もあなたの伝えたいことを受けとめやすくなるでしょう。

　まずは一呼吸おいて、自分自身が何に対して怒っているのかを理解する必要があります。相手が自分の期待通りに動いてくれなかったからでしょうか？　それとも嫌なことが他にあって、相手に怒りをぶつけているのでしょうか？　まずは自分の感情をチェックして、反応すべき対象は「相手」ではなく「（相手の）行動」であることを意識します。自分の立場を頑なに主張したり、思い込みを基に責めたり詮索したりすると、相手も身構えてしまい、事態がさらに複雑になってしまいます。

　問題の本質が見えたら、相手の行動の何が問題なのかを冷静に相手に説明しま

しょう。あくまで問題があることを分かってもらい、解決のための手段を考えさせ、再び同じことを起こさないよう変わってもらうための説明です。

「あなたは私が思うように行動しなかった」と言って責めたり、個人攻撃はしないようにしましょう。you did …／you didn't …／you were … などと you を主語にした言い方は責めているように聞こえるので避けます。

チームや組織のなかで協力し合って同じゴールに向かって一緒に気持ちよく働くための説明なのだと相手に分かってもらう必要があります。そのため、なぜ怒りを感じるのか、（相手の言動に）どのような影響を受けたかなどを論理的に説明します。

成功フレーズ　　　200

▷ I don't know if you intended it, but your comments made me really uncomfortable.

そのような意図ではないかもしれませんが、あなたの発言はとても不快に感じました。

▷ I wanted to talk to you about XYZ. I was upset by ABC. I wanted to explain what made me upset, and also hear your thoughts.

○○さんとXYZについて話したいと思いました。私はABCに動揺してしまいました。その理由を説明して、○○さんの考えも聞きたいと思っています。
　ABCには動揺した理由が入ります。

▷ It seems that you and I see this differently. I'd like to let you know how I'm seeing it, and hear about how you're seeing it.

○○さんと私では（この件について）見方が違うようですね。私の見方をシェアして、○○さんがどう見ているかをもっと知りたいと思います。

説明しても伝わっていない場合、理解していない場合、受け入れていない場合

▶ **Perhaps I didn't make myself clear enough.**

私の伝え方がよくなかったのかもしれません（伝え方が不明瞭だったかもしれません）。

＊この後、言い換えて説明する。

▶ **Let me try to explain this differently.**

別の方法で説明させてください。

避けた方がよいフレーズ　　　　　　　　201

▷ **always**

いつも

▷ **never**

一度も、決して（…しない）

▷ **every time**

毎回、毎度

＊いずれも誇張していて客観的ではない。

❷ 責めることなく自分に落ち度があることに気づかせる

　相手の言動は深く考えずに起こしたものかもしれませんし、その影響やダメージに無自覚である可能性もあります。冷静にロジカルに説明して、相手に自分の落ち度に気づいてもらい、再発を防止します。

　たとえば、「私たちは同じゴールに向かって一緒に働いている」という共通認識を持つところから始めてみるのも1つの手です。そのうえで、「あなたの行動はその目的に貢献していると思いますか」と尋ねてみるのです。自分の行動を客観的に見るきっかけになったり、チームや組織の価値観と合っているか振り返るよい機会になるでしょう。

　相手が問題を認識できなければポジティブな変化を起こすことはできません。しかし、自分を守ろうとする「自己防衛の壁」をなくした状態であれば、あなた

のメッセージを受け入れやすくなり、「自分が間違っていたのかもしれない。行動を変えてみよう。」と思ってもらえるかもしれません。

　相手にただ非を認めさせたり、謝らせたりすることはしない方が賢明です。目標は、相手に問題とその影響を理解させて、解決策と「再び起きないように自ら行動を変える方法」を自分で見つけてもらうことです。

成功フレーズ　202

▷ It's not comfortable bringing this up, but I feel that it's important to talk about it.

この話を持ち出すのはあまり気が進まないのですが、話すことが大切だと思います（なので話そうと思います）。

▷ People don't appreciate how you …

…を周りは受け入れることができません。
＊「…」には、相手の言動を表す表現が入ります。

▷ A: Tell me, how do you see that behavior?
B:〔相手の返事〕
A: From my perspective, it has a negative impact on how we work together. [Can you see what I mean?]

A: あなたはその行動についてどう思っていますか？

B:〔相手の返事〕

A: 私としては、一緒に仕事をしていくことに支障が出ていると思います。（あなたはそのことを分かっていますか？）
＊相手の人格ではなく行動そのものにフォーカスしている。

▷ This is something that causes problems for others.

これは周りにとって迷惑になります。

▷ I can understand that […], but …

…だということは理解できますが…。

▶ We need to figure out a way to solve this so it doesn't happen again.

このようなことが再び起きないように解決する方法を見つけなければいけません。

203

避けた方がよいフレーズ

▷ You have to ...

（あなたは）…しなければならない。

▷ You don't understand.

あなたは分かっていない。

＊相手を否定して非難するだけで、一方的に責めている言い方で。解決にならない。

❸ 相手の言動を理解する／反応をうかがう

　相手の言動の背景にある考え方を理解するための質問をします。具体的に説明してもらえれば、原因が分かったり、誤解が解けるなど、解決のきっかけを見つけることができるかもしれません。もし感情のまま反応して言い合いになればその糸口を見つけることは難しいでしょう。こちらの考えを言うのではなく、相手に振り返ってもらい、その理由を話してもらいます。もし自身の言動と状況をよく理解していないようであれば、周りからはどう見えているか、どこに問題があるのかを示して、より現実的な見方ができるように相手を導きます。

204

成功フレーズ

▶ Tell me why you think that.

どうしてそう思うのか教えてください。

▶ Could you tell me more about how you're seeing things?

どのように物事を捉えているか教えてください。

▶ **What leads you to do (say) that?**

何があなたをそうさせるのですか？（言わせるのですか？）

▶ **How do you feel about ...?**

…についてどう感じていますか？

▶ **What's your take on this situation?**

この状況についてどう感じていますか？

避けた方がよいフレーズ

▷ **What were you thinking?!**

何を考えていたのですか?!
※相手を否定・非難し、馬鹿にしているニュアンス。

▷ **Are you done now?**

（話は）終わった？
※聞く耳を持たない姿勢で失礼。

4

人間関係

同僚（B）と一緒にマネージャーにミスの報告をした際、同僚がミスをこちらのせいにした。

A：Misa
B：Ivan（同僚）

A：Hi, Ivan. Do you have a minute?

B：Sure.

A：I wanted to talk with you about what happened during our meeting with John* this morning.

B：OK …

A：We agreed that we should give a heads-up to John about […], and I'm glad we did that. However, I don't appreciate how you blamed me entirely for our mistake. I am fully aware that I took part in what happened, and I am partly responsible. Yet, what you said made it sound like I was the only one responsible. So, I was wondering if maybe we saw the situation differently.

　*John ＝マネージャー

A：お疲れさま、アイヴァン。ちょっと時間ありますか？

B：もちろん。

A：今朝のジョンとのミーティングで起きたことについて話したいと思ったのですが。

B：はい…。

A：…についてジョンに報告すべきだとお互いに合意したし、そうしてよかったと思っています。でも、2人のミスのすべてを私のせいにしたことは納得いきませんでした。今回のことについては私も関わったことは十分に分かっているし、一部責任があります。でも、アイヴァンの言い方ではまるで私だけに全部責任があるように聞こえました。そこで、もしかしたらこの状況についてお互いの見方が少し違っているのかなと思いました。

❶**怒っている理由を説明する**
❷**責めることなく自分に落ち度があることに気づかせる**
❷**相手の言動を理解する／反応をうかがう**

責任を押しつけられたので、責任を引き受けるように話を進めます。「あなたは〜した」と怒るのではなく、自分の感じたことを冷静に伝え、相手がどのように状況を捉えているかを尋ねています。

ビジネスシーン❷

理解のない思いやりに欠けるネガティブなコメントをBが同僚に対して言ったことが許せない。

A：Courtney
B：Kelly（同僚）

A：Kelly, have you got a minute?

B：Sure, Courtney.

A：Let's step out in the hallway.

B：OK.

A：Earlier today, I heard you make a comment about Angela's taking time off from work and not handling her workload. You may not have meant anything by that, but do you know why she's taking time off?

B：No, not really.

A：It's because she's taking care of her sick child. He has a serious illness, and she's doing her best to visit him in the hospital. Things are tough for her now. I figured you didn't realize that, and thought I should let you know.

B：Oh, wow. I didn't know. I was wrong to say what I did. I'll try to be more considerate from now on. Thanks for telling me.

A：ケリー、ちょっと時間ありますか？

B：もちろんです、コートニー。

A：では、廊下に出ましょうか。

B：はい。

A：今朝、ケリーがアンジェラについて仕事を休んでいて仕事をこなせていないと言っているのが聞こえました。何も意図はなかったのかもしれませんが…彼女が仕事を休んでいる理由は知っていますか？

B：いいえ、よく分かってないです。

A：お子さんが病気で、お世話をしているからなんですよ。息子さんが大病を患っていて、できる限り病院に行けるようにしているんです。今、大変な状況みたいです。ケリーは知らなかったかもしれないと思ったので、知るべきだと思ってお伝えします。

B：知りませんでした。あのように言うべきではありませんでした。これからはもっと思いやりを持つべきですね。教えてくれてありがとう。

ここに注目！

❶怒っている理由を説明する
❷責めることなく自分に落ち度があることに気づかせる
❸相手の言動を理解する／反応をうかがう

場面20「注意する」のシチュエーションと同じように、コートニーはケリーとプライベートな場所に移動し、冷静かつ客観的な表現で話しています。また、ケリーが問題点に気がつくように導いています。相手も身構えることなく非を認め、謝っています。なお、アンジェラの家庭の事情はコンフィデンシャルな情報ではなく、チームに伝えてもよいという前提です。

ビジネスシーン ❸

同僚の不適切なコメントに対して怒りを感じ、相手に問題意識を持ってもらいたいと思っている。

A：Ken
B：Alison（同僚）

A：Alison, I know you probably didn't mean anything by it, but earlier in the day you made a comment about how people from X don't speak English very well.

B：I didn't mean anything by that.

A：Well, some people would think that's pretty rude. Do you know how hard it is to communicate in a foreign language? It's a struggle.

B：I guess I didn't think much about it.

A：If you had to use another language all day, to do all of your work, you might reconsider your comment. It's not my place to say this, but think it over, would you?

A：アリソン、多分何も意図はなかったんだと思うけど、さっきXの国の人は英語を上手く話さないというコメントをしていたよね。

B：特に意図はなかったよ。

A：まぁ、人によってそれは結構失礼に感じると思うんだ。第二カ国語でコミュニケーションをとることがどれだけ大変かわかっているかな？すごい苦労だよ。

B：あまり考えていなかったかも。

A：もしアリソンが一日中別の言語を使って仕事をしなければいけないとなったら、自分が言ったことを考え直すかもしれないよね。自分が言える立場ではないかもしれないけど、考え直してみてくれないかな。

ここに注目！

❶ 怒っている理由を説明する
❷ 責めることなく自分に落ち度があることに気づかせる
❸ 相手の言動を理解する／反応をうかがう

「あなたは間違っている」「あの発言にムカついた」などと怒りに任せて一方的に言うのではなく、問題だと思った点を指摘し、「周りはこういう印象を持つよ」と客観的に伝えています。常に感情をコントロールして対処するのは難しいかもしれません。しかし、怒りの感情を問題解決や状況を改善する力に変えることができれば、前向きに状況が進む可能性が高まるでしょう。

25 怒っている人や感情的になっている人に対応する

　仕事をしていると怒りを感じるときもあれば、感情的になっている人に対応する場面もあるでしょう。自分が直接関わっているときもそうではないときも、感情に囚われず冷静さを保ち、状況の解決につながるアクションを取ることが必要です。対応するためにはコンフリクト・マネジメントなども必要になりますが、心がけたいのは、オープンな態度で相手に耳を傾けること、共感を示すことです。話を遮ることなくアイコンタクトをとりながら、しっかり向き合います。アイコンタクトをすると話をきちんと聞いていることが相手に伝わります。

　言い合いや勝ち負けではなく、問題や出来事の原因に目を向け、解決を目指してお互いに納得のできる状況を目指します。ときには目的を達成するために歩み寄ったり妥協することも必要かもしれません。

アプローチ▶

1. 相手の気持ちを受け止める／言葉をかける
2. 謝罪する／相手に寄り沿う
3. 改善や解決に導く

1 相手の気持ちを受け止める／言葉をかける

　感情的になっている人の気持ちを無視したり否定したりはせず、受け止めます。相手が感情に任せて不適切で攻撃的な態度を示している場合、同じような態度で接したり抑えつけようとするのは効果的ではありませんし、そのような対応の仕方では状況は改善しません。相手の態度がいくら失礼なものであっても、話に耳を傾け、怒りの原因を突き止めることが大切です。状況によりますが、気が済むまで話をさせることで相手が自然と落ち着くこともあります。そして可能であれば他の人がいないクローズドな場所（廊下、ミーティングルームなど）に移動し、落ち着いて話せる環境をつくるとよいでしょう。

▶ **I can see why you'd be upset.**

動揺するのも分かります。

＊例文では upset が使われていますが、angry, outraged, furious, frustrated, confused, irritated, disappointed, hurt, shocked など、そのときの気持ちに合った単語を使う。

＊upset は怒り、残念な気持ち、悲しい気持ちを表す形容詞。

▶ **I can understand why this would be upsetting.**

動揺してしまう（怒ってしまう）のも分かります。

▶ **It sounds like you are upset about ...**

…に対して残念に思っていた（怒りを感じていた）ようですね。

▶ **Let's find a quiet place to talk.**

話せるように静かなところを探しましょうか。

複数の人が関わっていて状況が混乱しているとき

▶ **It's hard to have a conversation when everyone is talking at once.**

みんなが同時に話すとちゃんとした会話になりません。

▶ **I'm hearing some strong language.**

少し強い表現が使われているようですが。

＊強い表現が使われているときに、話をしている人達に注意を呼びかける。

▶ **[Steve, Mike,] Could we try to calm down a little, please?**

（スティーブ、マイク、）少し落ち着いていただけますか？

＊名前を呼ぶことで注意を向ける。

▶ **I'm afraid this discussion isn't going anywhere.**

この話し合いの着地点が見えません。

＊直訳は「この話し合いはどこにも向かっていないようです」。

▶ Should we take this offline?

オフラインで話しませんか？

＊電話会議などで感情的になったり建設的な話ができなくなったりしたときに、「後で話すことにしませんか？」と提案してその場をまず落ち着かせる。話が脱線したときや、参加者全員には関係がない話題になったときなどにも使える。

▶ I'm afraid I'll need to take this to HR if this continues.

このまま続くようでしたら人事部に報告しないといけません。

避けた方がよいフレーズ　210

▷ always, never

いつも、一度も
＊誇張していて主観的な言い方。

▷ you did ... / you never ... / you didn't ...

＊you（相手）にフォーカスしている。代わりに the issue（問題、原因）にフォーカスすること。

❷ 謝罪する／相手に寄り沿う

　自分が深く関わっている、あるいは責任がある場合は謝罪の言葉を伝えます（p. 146）。そうではない場合も、怒りの感情を抱えている相手に対して理解を示したり寄り沿う気持ちを示すことは効果的です。相手が落ち着きを取り戻したり、建設的で前向きな話に向かったりすることができるかもしれません。

　筆者もさまざまな研修やアドバイスを通して building rapport（調和的・共感的な関係・結びつきを作る）や showing empathy（思いやりを示すこと／共感を示すこと）の大切さを学びました。ビジネスの人間関係には、「ビジネスライクに」という表現がある通り、少し冷たくて淡々としたイメージがあるかもしれませんが、実際には人と人が一緒に仕事をするので、感情の部分を完全に無視することはできません。むしろ相手を思いやり、心の通ったコミュニケーションを心掛けた方がよい人間関係を築くことができます。

　仲介する人の役割は、怒っている人が落ち着いてコミュニケーションが取れる状態になるようにサポートすることです。チームとして協力し合っていること、そしてチームが目標に向かい成功するためには個々のメンバーが落ち着いて行動することが大切だということを相手に理解してもらいます。

成功フレーズ   211

▷ **If I were in your situation, I'd probably feel the same way.**

私も同じ状況だったら同じ気持ちになると思います。

▷ **I'm sorry that you were put in this kind of situation.**

あなたがこのような状況に陥ってしまったことを残念に思います。

▷ **I'm sorry that things turned out this way.**

このような状況に発展してしまって残念に思います。

▷ **I didn't mean to hurt you.**

傷つけるつもりはありませんでした。

▷ **It was not my intention to ...**

…する意図はありませんでした。

避けた方がよいフレーズ   212

▷ **I know exactly how you feel.**

あなたの気持ちは完全に分かります。
※相手の気持ちを完全に理解することはできないので断言するのは避けた方が無難。

▷ **I never said that.**

そんなこと言ってません。

▷ **You're the one who ...**

あなたが…したんですよ。

❸ 改善や解決に導く

相手を落ち着かせ、問題や原因にフォーカスするように誘導して改善・解決に向かうように促します。

▶ **I'd like to step in a bit here.**

ちょっと間に入らせていただきたいと思います。
＊仲介や介入するときに。

▶ **Let me make a suggestion here.**

提案をさせてください。

▶ **Let's try to think about how we might be able to reach an agreement here.**

どのようにすればお互いに同意に達することができるか考えてみましょう。
＊解決に向けてお互いに協力する姿勢を取ることを提案している。

▶ **I wonder whether it's possible to ...**

…することは可能なのでしょうか。
＊解決策を考えていることを伝えると同時に、相手にも検討するよう促すアプローチ。

▶ **I understand your point. Let's also think about this from another perspective**

おっしゃっていることは分かります。他の観点からも見てみましょうか。
＊他の視点を検討することを提案している。A but B ではなく A and B の表現方法を使っている。「おっしゃっていることは分かります」と、相手が言ったことを否定せずに新たな提案をしているので、全体的にポジティブに聞こえる。

▷ **That's not true.**

それは違います。

▷ **You're off base.**

それは（あなたの意見は）的外れです。

ビジネスシーン❶

言い争いを仲介する。

A : Manager A
B : Manager B
C : Manager C（仲介する人）

A : There's no way that we can accept summer interns this summer. Absolutely not.

B : Well, as you know, the summer internship program is an annual event, and it's a major part of our recruiting and community service efforts.

A : You don't understand. Our team is stretched already. We can't afford to look after an intern, not to mention requesting additional headcount.

B : Headcount shouldn't be an issue. Didn't you get the headcount report last week?

A : OK, but look, my team is working late nights already. Don't push this on us. How about you take on the interns?

B : Our team? We're committed to hiring two this year already...

C : Well, it looks like we have a difference in opinion […]. Perhaps we can work something out. For example, how about something that's in between an internship and an event? How about that?

A : 今年の夏にサマーインターンを受け入れることは不可能です。完全に無理です。

B : そうですね…でもご存じのように、サマーインターンシッププログラムは毎年開催していますし、私たちの採用と社会貢献活動の大きな要素です。

A : 分かっていませんね。こっちのチームはもう限界なんです。インターンの面倒を見る余裕なんてないし、ヘッドカウントを追加する余裕すらありません。

B : ヘッドカウントは問題ないはずです。先週、ヘッドカウントレポートを見ませんでしたか？

A : 分かりました。でも、これは分かってください。私のチームはもう夜遅くまで働いているし、押しつけないでほしいです。そっちがインターンを引き受けたらどうです？

B : 私のチーム？　今年はすでに２人採用すると決まっていますが…。

C : あの、意見がくい違っているようですね…。何か解決できるかもしれません。たとえば、インターンシップとイベントの中間のようなものを企画するのはいかがでしょうか？　どうでしょう？

　　*ヘッドカウント＝頭数、採用可能数。

ここに注目！

❶相手の気持ちを受け止める／言葉をかける
❸改善や解決に導く

マネージャーCは、"you're disagreeing" などではなく "it looks like there is a difference in opinion" と言うことで間接的かつ客観的に状況を表現しています。また、お互いが一向に譲る気がなく、イライラしながらやり取りをするなか、問題自体にフォーカスをして解決に向かえそうな提案をしています。単に「落ち着いて」と言うよりも、問題点を明確にして建設的な話に向かうことができています。

ビジネスシーン ❷

同僚に手伝いをお願いするが、すでに大変な状況なので感情的な反応が返ってきた。

A：同僚
B：同僚（相手）

A : I'll need your help with preparing the proposal on Friday.

B : I can't do that. I'm already working late with the duties I have now.

A : There's no one else who can do this.

B : But I can't!

A : OK, I can see this is too much to ask. But could I ask one favor?

B : What is it?

A : Would you be able to give me, say, one hour on Thursday morning to go over the data set together?

B : Yeah, I can do that.

A : Thanks, that'll be helpful. Sorry to ask you when you're already tied up.

B : Sorry. I didn't mean to get angry.

A : No need to apologize. You have every right to be frustrated.

A : 金曜日に企画書を準備するのを手伝っていただきたいです。

B : できません。今の仕事ですでに遅くまで働いているんです。

A : 他にできる人がいないのですが…。

B : でも無理です！

A : 分かりました。無理なお願いでした。では、1つお願いしてもよいですか？

B : 何でしょうか？

A：木曜日の朝に、たとえば1時間、一緒にデータを確認するために時間をいただく
　　ことは可能ですか？

B：それはできますよ。

A：ありがとう。それは助かります。すでに忙しいのにお願いしてしまってすみません。

B：いえ、すみません、怒るつもりはなかったです。

A：謝る必要はありませんよ。そのように反応するのはもっともです。

ここに注目！

❶ **相手の気持ちを受け止める／言葉をかける**
❷ **謝罪する／相手に寄り沿う**
❸ **改善や解決に導く**

　Aは、忙しくてフラストレーションがたまっているBの状況を理解し、Bの反
応を理解できると言って受け止めています。また、「木曜日に手伝ってほしい」
という依頼を「木曜の朝に1時間ほどの確認作業を一緒にしてほしい」と分か
りやすく具体化し、可能かどうか質問しています。冷静な対応の結果、Bはそ
れなら可能だと受け入れ、Aは妥協して同意してくれたことに感謝していま
す。最後は冷静になってお互いに謝っています。

26 │ 難しい場面の処方箋

　職場では理不尽な状況に陥ることもあれば、誰かが怒ったり、批判や議論、そして喧嘩が起きることもあります。あるいは、悩んでいることを打ち明けたり、誰かを慰めるという状況もあるでしょう。関わっている人や、その職場や組織の文化などさまざまな要素が複雑に交わり合うため、解決するための方法は自ずとケースバイケース (case-by-case basis) で考えていくことになります。

　さらに、「自分は関わりがないから」と無視したり、「時間がないし面倒だから」と問題をそのままにすると、場合によって人間関係や仕事の結果にマイナスな影響が出てしまいます。問題が長期化する、チームの人間関係が悪化する、チームメンバーの成長の機会がなくなる、困っているメンバーが十分な対応してもらっていないと感じてしまう、離職につながるといった影響が考えられます。

　英語力の高さや英語のフレーズを知っているだけで解決できるものではありません。しかし、さまざまな場面に適用できる共通の対応方法はあります。何が問題なのかを特定する、客観性と事実に基づいて判断する、相手の立場に立って考える、相手の話を聞く、相手のことを理解する、理解するために話す・質問する、相手を受け入れる、you より I の表現を使う、問題の解決方法を探る、といった方法です。他の場面で紹介したアプローチの仕方もヒントにしながら、状況に合うフレーズを使ってみてください。

さまざまな場面 ▶

1. 話に一貫性がない
2. 話の終わりが見えない
3. 予定を突然変えられた
4. Manipulative な人に振り回される
5. 十分に話し合わないまま進めてしまう
6. 無理な（急な）仕事を依頼される
7. 困っているチームメンバーに手を差し伸べる
8. 仕事量がキャパシティーを超えている

❶話に一貫性がない

　話に一貫性がない人に対しては次のような対応策が考えられます。相手の以前の発言を持ち出して（メモや記録があればそれを示しながら）確認する形で指摘や質問をする方法や、自分の理解や見解を共有するといった方法です。確認するときのフレーズと指摘するときの注意点については場面13「間違いや問題を指摘する」(p. 160〜) を参照してください。

成功フレーズ

▶ In our meeting last week, you mentioned ABC. Now, I hear you say XYZ. Could you tell me which is correct?

先週のミーティングではABCとおっしゃっていました。今はXYZだとおっしゃっています。どちらが正しいのでしょうか。

▶ To be honest, I'm a bit confused. Would you mind clarifying the situation (status, issue) for me?

正直に言うと、少し混乱しています。この状態（状況、問題）を明確に（説明）していただけますか？

▶ It was my impression that [...] was ABC. However, it seems that it's now XYZ. Could you please explain a bit more about the current situation?

…はABCという印象でした。しかし、今はXYZとなっているようです。現在の状況についてもう少し説明していただけますか？

▶ I'm a bit confused with the situation here. Could you explain to me ...?

この状況に混乱しています。…を説明していただけますか？

218

▷ You said ABC, but now you're saying XYZ.

あなたはABCだと言いましたが、今はXYZと言っていますね。

▷ You're contradicting yourself.

言っていることが矛盾しています。

② 話の終わりが見えない

　仕事と関係のない話になり、相手の話が止まらなくて困っているときに使える
フレーズを紹介します。

219

▷ I really enjoyed our conversation, but I need to focus on getting my work done.

お話しできてとても楽しかったのですが、そろそろ仕事に集中しなければいけません。

▷ I'm sorry to stop you, but I'm afraid I need to get back to working on my project.

話を止めてしまって申し訳ないのですが、プロジェクトの仕事を続けなければいけません。

▷ Is it OK if we chat a bit later?

お話しするのは後にしてもよいですか？

▷ I hate to break off our conversation, but I need to do something right away.

会話を途中で止めてしまいたくはないのですが、今すぐにやらなければいけないことがあるんです。

▶ **Sorry, Jason, I need to finish this quickly.**

すみません、ジェイソン。これを早く終わらせないといけないんです。

噂話（ゴシップ）が止まらない

▶ **Perhaps it's best to check with her directly.**

彼女に直接確認するのが一番かと思います。
＊誰かのことについて事実かどうかも分からず話しているときに。

▶ **Have you checked with her directly about that?**

そのことについて彼女に直接確認したのですか？

▶ **Let's not talk about people when they're not here.**

本人がいないところでその人の話をするのはやめましょうか。

▶ **I think it's better to refrain from talking about things we're not sure about.**

確かではないことは話さない方がよいと思います。

▶ **That sounds like gossip to me.**

それは（ただの）噂話に聞こえますが。

会話で使う言語について

　日本語話者ではない人の前で日本語だけで話すのは避けましょう。特に小さな声でひそひそと話していると、日本語で話している内容が何であったとしても、「仲間外れにされている」「噂をされている」「inclusive ではない」といった印象を持たれてしまいます。自分のことを何か話しているのかなと思うかもしれません。

　どうしても日本語で話さないといけない場合は、"If you don't mind, we'd like to talk in Japanese for a moment to confirm something." （すみません、ちょっと確認したいことがあるので日本語で話しますね）のように前もってひと言伝えると少し印象が変わります。

220

▷ **Stop gossiping.**
噂話をするのはやめて。

❸ 予定を突然変えられた

　確認するときのフレーズについては場面13（p. 160〜）を、チームや仕事への影響を説明するときの注意点は場面17「フィードバックを伝える」（p. 204）を参照してください。

成功フレーズ

221

▷ **I can't tell my team about this change in the plan unless I can explain the rationale.**
根拠（理由）を説明ができない限りこの予定（計画）の変更をチームには伝えられません。

▷ **It would help to know the reasons why so I can explain this change in plans to my team.**
予定（計画）の変更の理由が分かれば、チームに説明するときに助かるのですが。

▷ **It seems to me that's different from what we originally agreed upon.**
合意していたことと異なっているように思います。

▷ **Earlier, we agreed that ...**
以前、…と合意しましたが。

▷ **I understand ABC, but there's another point about XYZ that we could discuss further.**
ABCは理解していますが、XYZについても、もう少し話を詰められる点があります。

▶ **This is a bit troublesome for me (my team) because ...**

…なので、これは私（私のチーム）にとって少し困ります。

▶ **We do need to follow the company's guidelines.**

会社のガイドラインに沿う必要があります。

▶ **Just to confirm, we can't [...] unless we run it by the New York Compliance Team.**

確認ですが、ニューヨークのコンプライアンスチームと確認しない限り…はできません。

避けた方がよいフレーズ   222

▷ **You changed plans without telling us.**

私たちに言わずに計画（予定）を変更しましたね。

▷ **This is a mess. Why wasn't I consulted?**

もうめちゃくちゃ。なぜ私に相談がなかったの？

❹ **Manipulative な人に振り回される**

　世の中には、1つの物事に対して矛盾した話をする人がいます。あちらではAと言い、こちらではBと言うといった状況です。そのような、他人をコントロールしようとする人の言動には注意した方がよいでしょう。

　人を操ろうとする人のなかには、人間関係に積極的に関わりたいという欲求から罪悪感なく行動している人がいます。また、人を振り回したり翻弄したりすることで何らかの利益や満足感を得ようとする人もいます。どの場合でも、そのような人とは距離を置いて、その言動にも反応の仕方にも十分注意し、その罠にははまらないようにしましょう。

成功フレーズ

▶ Something doesn't sound right.

何か違和感があるようです。

▶ I'm afraid things just don't add up.

すみませんが、つじつまが合わないようです。

▶ Perhaps I ought to consult X about this.

X〔人物〕に相談した方がよいかもしれません。

▶ I wonder if that's accurate.

それは正確なのでしょうか。

▶ I'm not sure that's a good idea.

それはよい考えではないように思います。

▶ I think it's wise to check with X directly.

X〔人物〕に直接確認するのがよいかと思います。

▶ I want to have a conversation with you about […]. I feel it's something that we need to address because it's affecting how we work as a team.

…について話したいです。チームとして上手く働くことに影響しているので、対応が必要だと感じています。

▶ From what you've just said, I can see how you would see things the way you do. That said, …

今おっしゃったことから、あなたがそのように考える理由は理解できます。しかし…。

▶ **She does X and Y, and we're having trouble dealing with that.**

彼女はXとYをするので、こちらは困っています。
＊事実を基に具体的に言う。

▶ **He's told me ABC, whereas he's told Ken XYZ. This is troubling, and his behavior is causing confusion.**

彼は私にABCと言いましたが、ケンにはXYZと言いました。困りますし、彼の行動は混乱を招きます。

▶ **He regularly plays one person against another, and that creates a bad working environment.**

彼は常に他の人同士を（言い合いや競争などで）争わせていて、仕事をする環境が悪くなってしまっています。

避けた方がよいフレーズ

▷ **You're always lying.**

あなたはいつも嘘をついていますね。

▷ **What's in this for you?**

あなたには何の得があるのですか？

▷ **Do you have something against Bryan?**

ブライアンに何か対抗する理由（恨み、根に持っていること）でもあるのですか？

▷ **He's always lying about his work hours.**

彼はいつも勤務時間について嘘をついている。

▷ **She never does her part of the project.**

彼女はプロジェクトの自分の役割をちっとも果たしていない。

▷ He clocks in at nine each morning and leaves at five, but he always goes to the smoking room.

彼は毎朝9時に出社して午後5時に退社しますが、いつも喫煙室へ行っています。

＊ always, never などは主観的で断言するような表現なので避ける。

❺ 十分に話し合わないまま進めてしまう

確認するときのフレーズについては場面13（p. 160〜）を参照してください。

成功フレーズ 225

▷ I wanted to talk with you about XYZ. It seems that we have different understandings about how to move things forward, so I thought it would be wise to touch base and make sure we're on the same page.

XYZ についてお話ししたいと思っていました。物事の進め方について違う見方をしているようなので、同じ理解でいることを確認するために話し合うべきかと思いました。

▷ I respect your decision and would like to support it. At the same time, it would be really helpful if you could give me a heads-up or consult with me so we can figure out the best approach. How does that sound to you?

あなたの決断を尊重しますし、支持したいと思います。それと同時に、ベストなアプローチを考え出すためにまず私に前もって知らせたり相談をしていただけたりすると助かります。いかがでしょうか。

▷ I'd like to explore whether there's a way forward we can both agree upon.

お互いに納得できる方法があるかどうか探ってみたいです。

▶ It's really hard to support a decision when we haven't had a chance to go through it together beforehand. From now on, do you think we can discuss things first?

前もって一緒に検討する機会がないと決定事項を支持するのはとても難しいです。今後は事前に話し合うのは可能でしょうか？

▶ To be honest, I think we need to rethink how we work as a team.

正直なところ、チームとしての仕事の仕方を見直す必要があるのではないかと考えています。

▶ Can we work on how we might be able to work better as a team?

チームとして上手くいくように考えて（努力して）みませんか？

避けた方がよいフレーズ   226

▷ You made decisions without even telling me.

私には言わずに決めたのですね。

▷ Why are you cutting me out of the decision-making process?

なぜ私を決断のプロセスから除外するのですか？

❻ 無理な（急な）仕事依頼される

　断るときのアプローチについては場面09「仕事の依頼や誘いを断る」(p. 101) を参照してください。

227

▶ I wish I could help with this, but I am […] at the moment.

協力できたらよいのですが、今は…の状態です。

▶ I'd like to help out, but I'm afraid I need to focus on […] right now.

お手伝いしたいのですが、今はあいにく…に集中しなければいけません。

▶ I'm sorry I'm not able to help out right now. Is this something I can help with tomorrow morning?

今は力になれなくて申し訳ありません。これは明日の朝でもよいですか？

避けた方がよいフレーズ

228

4

▷ Sorry, but I can't.

すみませんが、できません。

▷ Can you ask Emily?

エミリーに聞いてくれる？

▷ Get Kim to do this.

キムにお願いして。

❼ 困っているチームメンバーに手を差し伸べる

　状況について尋ねたり、理解を示したり、手伝いを申し出たりするなど、個々の場面によってアプローチは異なります。どの場合でも相手の話に耳を傾け、相手の立場に立って考えるようにすることが大切です。

▶ **I can see how this was disappointing (upsetting).**
これがどんなに残念だったか理解できます。

▶ **It sounds like this was a really tough situation.**
本当に厳しい状況だったのですね。

▶ **I can see how this made you feel hurt.**
このせいでどんなにあなたが傷ついたか分かります。

▶ **I can understand how difficult this situation was.**
どれほど難しい状況だったか理解できます。

▶ **I'm so sorry to hear this.**
本当に残念ですね。

▶ **That must have been hard for you.**
それは辛かったでしょうね。

▶ **I'd like to be of help.**
力になりたいです。

▶ **What can I do to help?**
何か力になれますか？

▶ **I'm behind you with this. / I'm behind you all the way.**
あなたを応援しています。／ずっと応援しています。

▶ **I want to make sure that I understand the situation better [so that I can support you].**
（あなたサポートするために）状況をもっとよく理解したいです。

230

▷ **You'll get over this.**

乗り越えられるよ。／立ち直れるよ。
※無責任で不親切に聞こえる。

▷ **You're making too much of something that isn't important.**

重要でもないことについて大げさにしすぎです。

❽ 仕事量がキャパシティーを超えている

　筆者もさまざまなプロジェクトに同時に関わっていて余裕がない状況のときに、「自分の仕事量や仕事のスケジュールは自分にしか分からないから、そのことを発信したり、必要であればマネージャーと話すことも自分の責任だよ」と言われたことがあります。文句を言っているだけにはならないように具体的に伝えることが大切で、代替案があるとベストです。

231

▷ **I'm wondering if we could review my current responsibilities (workload).**

今の私の役割（仕事量）について見直してみてみたいと思っています。

▷ **I'd like to discuss my current workload with you.**

私の今の仕事量について相談したいです。

▷ **Would this be a good time to discuss my current responsibilities?**

私の現在の役割（仕事量）についてお話ししたいのですが、今はご都合いかがですか？

▶ **Could we explore the possibility of reviewing my workload?**

私の仕事量を見直すことは可能でしょうか？

▶ **To be honest, I'm feeling a bit stretched right now. I've been working on A, B, and C, but it doesn't seem to be working out so well. Would you be open to reviewing my responsibilities?**

正直なところ、私は今少しキャパオーバーな状態です。AとBそしてCをやっていますが、あまり上手くいっていないようです。私の現在の役割（仕事、責任）を再検討することは可能ですか？

＊Would you be open to ...? は「…することに前向きですか（を考えていただけますか）？」のニュアンス。

232

▷ **I can't handle my workload.**

この仕事量をこなせません。

▷ **I need a change.**

変化が必要です。

謝 辞

　本書を執筆する際、これまで直面してきた「難しい場面」を振り返り、目にして耳にしてきたさまざまな状況を思い浮かべながら書き進めました。そして数え切れないほどのアドバイスや学び、ノートに書き留めたお手本フレーズや失敗・成功体験を注ぎ込むことができました。

　この本の出版の機会をくださったジャパンタイムズ出版の橋本啓さま、本当にありがとうございます。おかげさまで悩みや問題を解決するヒントを探す方々のお役に立てる本を作ることができました。制作および出版に関わってくださったジャパンタイムズ出版の皆さま、丁寧な英文校閲をしてくださった Owen Schaefer さまにも心から感謝申し上げます。

　オフィスのイメージを素敵に描いてくださったイラストレーターの越井隆さま、臨場感あるナレーションしてくださったChris Koprowskiさま、Rachel Walzerさま、Howard Colefieldさま、Jennifer Okanoさま、そして音源のご制作を担当してくださったELECの皆さま、本当にありがとうございます。とっても素敵でインパクトのある装丁をご担当いただいた井上新八さま、組版を担当してくださった朝日メディアインターナショナルさま、そして本文レイアウトを制作してくださった next door designさまにも心から感謝申し上げます。

　本を並べてくださる書店の皆さまのおかげで、読者の方々にこの本を届けることができております。ありがとうございます。

　今までの職場の皆さま、大変多くの学びや経験の機会をくださり、感謝してもしきれません。そしてK.U.さまの温かい応援がこの本の執筆のインスピレーションと原動力となりました。感謝の気持ちでいっぱいです。本当にありがとうございます。

　また、数々の難しい場面を切り抜けるサポートをしてくれて、伝え方の大切さを教えてくれた父に深く感謝しております。

　そして本書を手に取ってくださった皆さま、本当にありがとうございます。この本が日々直面する数々の場面での支えとなり、皆様が自信を持ってコミュニケーションを取りながら活躍されますように。

【著者紹介】

マヤ・バーダマン Maya Vardaman

仙台市生まれ。上智大学比較文化学部（現 国際教養学部）卒業。ハワイ大学へ留学し、帰国後は秘書業を経て、ゴールドマン・サックスに勤務。医学英語に携わったのち、別の外資系企業に勤務。著書に『英語のお手本 そのままマネしたい英語の「敬語」集』『英語の気配り マネしたい「マナー」と「話し方」』（朝日新聞出版）『英語の決定版 電話からメール、プレゼンから敬語まで』（共著、朝日新聞出版）『品格のある英語は武器になる』（宝島社）『外資系1年目のための英語の教科書』（KADOKAWA）『世界のビジネスシーンで使われている 大人の「格上げ」英単語』（講談社パワー・イングリッシュ）『英語で仕事をすることになったら読む本』（アルク）などがある。www.jmvardaman.com/

人を動かす、気配りの英語表現

2021年9月20日　初版発行

著　　　者	マヤ・バーダマン　©Maya Vardaman, 2021	
発　行　者	伊藤秀樹	
発　行　所	株式会社 ジャパンタイムズ出版	
	〒102-0082 東京都千代田区一番町2-2 一番町第二TGビル2F	
	050-3646-9500［出版営業部］	
	ウェブサイト　https://jtpublishing.co.jp/	
印　刷　所	日経印刷株式会社	

装　　　丁	井上新八
イ ラ ス ト	越井隆
本文レイアウト	next door design
英 文 校 閲	Owen Schaefer
組　　　版	朝日メディアインターナショナル
音 声 収 録	ELEC

本書の内容に関するお問い合わせは、上記ウェブサイトまたは郵便でお受けいたします。
定価はカバーに表示してあります。
万一、乱丁落丁のある場合は、送料当社負担でお取り替えいたします。
㈱ジャパンタイムズ出版・出版営業部あてにお送りください。

Printed in Japan　ISBN978-4-7890-1791-6